JN085335

hospital
病院
〇〇病院

library
図書館

park
公園

supermarket
スーパーマーケット

zoo
動物園

fire station
消防署

♪p02

January
1月

February
2月

March
3月

May
5月

June
6月

July
7月

September
9月

October
10月

November
11月

December

spring
春

summer
夏

fall / autumn
秋

1 one 2 two 3 three 4 four 5 five 6 six 7 seven 8 eight 9 nine 10 ten 11
17 seventeen 18 eighteen 19 nineteen 20 twenty 30 thirty 40 forty 50 fifty 60
93 ninety-three 94 ninety-four 95 ninety-five 96 ninety-six 97 ninety-seven 98

30 動作を表すことば ④ / 日課 ①

❖ 読みながらなぞって、もう1回書きましょう。

⑭

ski
スキーをする

ski

ski

⑭

skate
スケートをする

skate

← eで終わるよ。

skate

⑭

fly
飛ぶ

fly

fly

⑭

get up
起きる

get up

← 間をあけるよ。

get up

⑭

go to school
学校へ行く

go to school

31 日課 ②

❖ 読みながらなぞって、もう1回書きましょう。

⑭⑤
go home
家へ帰る

go home
go home

⑭⑥
do my homework
宿題をする

do my homework

u ではなく o だよ。

⑭⑦
watch TV
テレビを見る

watch TV

⑭⑧
take a bath
風呂に入る

take a bath

e で終わるよ。

⑭⑨
go to bed
ねる

go to bed

5年

実力アップ 英語 練習ノート

ふろく英語カードの練習ができる!

年	組	名前

1 家族 ①

■ 読みながらなぞって、もう1回書きましょう。

①

family

家族

family

┆
└----- r ではなく l だよ。

family

②

father

お父さん

father

father

③

mother

お母さん

mother

┆
└----- a ではなく o だよ。

mother

④

brother

お兄さん、弟

brother

brother

⑤

sister

お姉さん、妹

sister

┆
└----- a ではなく e だよ。

sister

2 家族 ② / 食べ物・飲み物 ①

読みながらなぞって、もう1回書きましょう。

⑥
grandfather
おじいさん

grandfather

╌╌╌╌ a ではなく e だよ。

⑦
grandmother
おばあさん

grandmother

⑧
curry and rice
カレーライス

curry and rice

⑨ steak
steak
ステーキ

steak

steak

⑩
hot dog
ホットドッグ

hot dog

╌╌╌╌ 間を少しあけるよ。

hot dog

3 食べ物・飲み物 ②

❊ 読みながらなぞって、もう1回書きましょう。

⑪

spaghetti

spaghetti
スパゲッティ

┄┄┄ h をわすれずに！

⑫

French fries

French fries
フライドポテト

⑬

fried chicken

fried chicken
フライドチキン

┄┄┄ i ではなく e だよ。

⑭

grilled fish

grilled fish
焼き魚

⑮

rice ball

rice ball

rice ball
おにぎり

4 食べ物・飲み物 ③ / 楽器 ①

■ 読みながらなぞって、もう1回書きましょう。

⑯

noodle
めん

noodle

------ o を 2 つ重ねるよ。

noodle

⑰

parfait
パフェ

parfait

------ e ではなく a だよ。

parfait

⑱

soda
ソーダ

soda

soda

⑲

piano
ピアノ

piano

piano

⑳

recorder
リコーダー

recorder

------ a ではなく e だよ。

5 楽器 ② / スポーツ ①

✖ 読みながらなぞって、もう 1 回書きましょう。

㉑

guitar
ギター

guitar
┈┈┈ u をわすれずに！

guitar

㉒

violin
バイオリン

violin

violin

㉓

drum
たいこ
太鼓

drum
┈┈┈ a ではなく u だよ。

drum

㉔

sport
スポーツ

sport

sport

㉕

volleyball
バレーボール

volleyball

6 スポーツ ② / 身の回りの物 ①

✖ 読みながらなぞって、もう1回書きましょう。

㉖
table tennis
たっきゅう
卓球

table tennis

------ e ではなく a だよ。

㉗
badminton
バドミントン

badminton

㉘
dodgeball
ドッジボール

dodgeball

------ l を2つ重ねるよ。

㉙
basket
かご

basket

basket

㉚
map
地図

map

map

7 身の回りの物 ②

📖 読みながらなぞって、もう1回書きましょう。

㉛

pencil case

↑ k ではなく c だよ。

pencil case
筆箱

㉜

ball

ball

ball
ボール

㉝

glove

↑ r ではなく l だよ。

glove

glove
グローブ

㉞

chair

chair

chair
いす

㉟

clock

clock

clock
かけ時計、置き時計

8 身の回りの物 ③ / 教科 ①

読みながらなぞって、もう 1 回書きましょう。

㊱

calendar

calendar
カレンダー

㊲

computer

‐‐‐‐‐ a ではなく e だよ。

computer
コンピューター

㊳

sofa

sofa

sofa
ソファー

㊴

subjects

subjects

subjects
教科

㊵

Japanese

‐‐‐‐‐ i ではなく e だよ。

Japanese
国語

9 教科 ②

読みながらなぞって、もう 1 回書きましょう。

㊶

math

math

math
算数

㊷

science

 ------ c をわすれずに！

science

science
理科

㊸

social studies

------ a ではなく u だよ。

social studies
社会科

㊹

English

------ いつも大文字で始めるよ。

English

English
英語

㊺

P.E.

P.E.

P.E.
体育

10 教科 ③

■ 読みながらなぞって、もう1回書きましょう。

㊻

music

k ではなく c だよ。

music

music
音楽

㊼

arts and crafts

arts and crafts
図画工作

㊽

home economics

home economics
家庭科

㊾

calligraphy

l を2つ重ねるよ。

calligraphy
書写

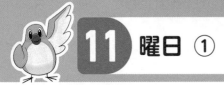

11 曜日 ①

🟦 読みながらなぞって、もう1回書きましょう。

㊿

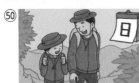

Sunday

日曜日

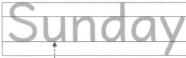

Sunday

aではなくuだよ。

Sunday

(51)

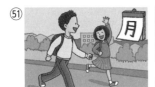

Monday

月曜日

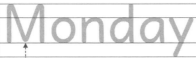

Monday

曜日は大文字で書き始めるよ。

Monday

(52)

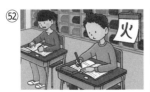

Tuesday

火曜日

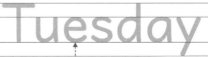

Tuesday

eをわすれずに！

Tuesday

(53)

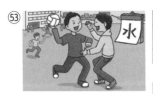

Wednesday

水曜日

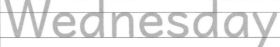

Wednesday

(54) Thursday

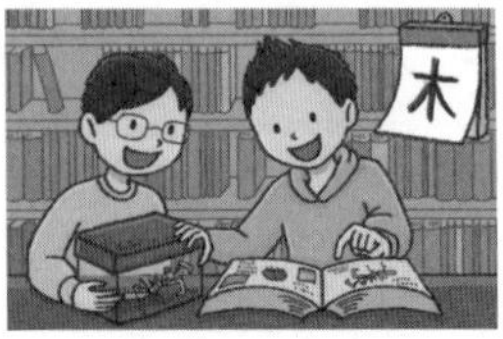

Thursday

木曜日

Thursday

eではなくaだよ。

12 曜日 ② / 時を表すことば

読みながらなぞって、もう１回書きましょう。

(55)

Friday
金曜日

Friday
Friday

(56)
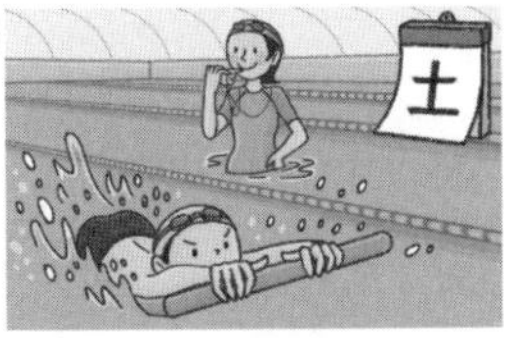

Saturday
土曜日

Saturday
a ではなく u だよ。

(57)
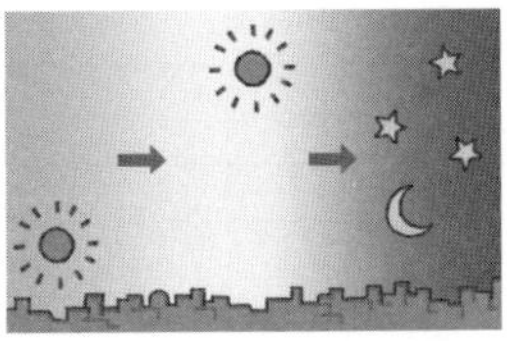

day
日、１日

day
day

(58)
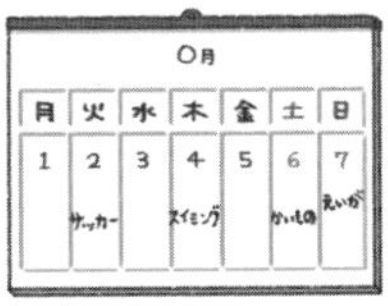

week
週

week
e を２つ重ねるよ。
week

(59)
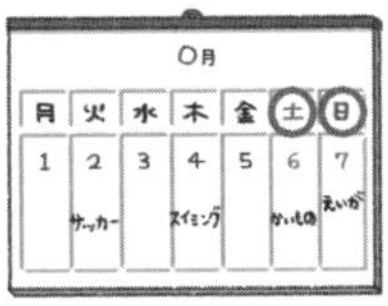

weekend
週末

weekend

13 季節

🌼 読みながらなぞって、もう1回書きましょう。

⑥⓪
season
季節

season

u ではなく o だよ。

season

⑥①
spring
春

spring

spring

⑥②
summer
夏

summer

m を2つ重ねるよ。

summer

⑥③
fall
秋

fall

o ではなく a だよ。

fall

⑥④
winter
冬

winter

winter

14

14 月 ①

読みながらなぞって、もう1回書きましょう。

⑥⑤

January

1 月

January

----▸ 月は大文字で書き始めるよ。

January

⑥⑥

February

2 月

February

⑥⑦

March

3 月

March

March

⑥⑧

April

4 月

April

----▸ lで終わるよ。

April

15 月 ②

📖 読みながらなぞって、もう1回書きましょう。

⑥⑨

May

e ではなく a だよ。

May

May
5月

⑦⓪

June

June

June
6月

⑦①

July

r ではなく l だよ。

July

July
7月

⑦②

August

August

August
8月

16 月 ③

❀ 読みながらなぞって、もう 1 回書きましょう。

⑦³

September

9 月

September

┈┈┈ 9 月から 12 月は ber で終わるよ。

⑦⁴

October

10月

October

October

⑦⁵

November

11月

November

┈┈┈ n ではなく m だよ。

⑦⁶

December

12月

December

17 職業 ①
しょくぎょう

🏵 読みながらなぞって、もう1回書きましょう。

⑦⑦

teacher
先生

teacher

╌╌╌╌ a をわすれずに！

teacher

⑦⑧

student
生徒、学生

student

student

⑦⑨

baseball player
野球選手

baseball player

⑧⓪

doctor
医者

doctor

╌╌╌╌ a ではなく o だよ。

doctor

⑧①

nurse
かんごし
看護師

nurse

nurse

18 職業 ②
しょくぎょう

🍀 読みながらなぞって、もう1回書きましょう。

⑧²

police officer
けいさつ
警察官

police officer

⑧³

fire fighter
しょうぼう し
消防士

fire fighter

⑧⁴

florist
生花店の店員

florist

florist

⑧⁵

baker
しょくにん
パン焼き職人

baker

------ er で終わるよ。

baker

⑧⁶

farmer
農場主

farmer

farmer

19 職業 ③
しょくぎょう

🦔

✖ 読みながらなぞって、もう1回書きましょう。

⑧⑦

bus driver

bus driver
バスの運転手

⑧⑧

pilot

↑
r ではなく l だよ。

pilot

pilot
パイロット

⑧⑨

singer

singer

singer
歌手

⑨⓪

programmer

programmer
プログラマー

⑨①

actor

↑
a ではなく o だよ。

actor

actor
俳優、役者
はいゆう

20 施設・建物 ①

しせつ

💠 読みながらなぞって、もう1回書きましょう。

⑨②

house
家

house

a ではなく o だよ。

house

⑨③

school
学校

school

o を2つ重ねるよ。

school

⑨④

park
公園

park

park

⑨⑤

shop
店

shop

shop

⑨⑥

library
図書館

library

r ではなく l だよ。

library

21 施設・建物 ②

しせつ

📖 読みながらなぞって、もう1回書きましょう。

⑨⑦

gym

gym
体育館

← i ではなく y だよ。

gym

⑨⑧

restaurant

restaurant
レストラン

⑨⑨

supermarket

supermarket
スーパーマーケット

← a ではなく e だよ。

⑩⓪

station

station
駅

station

⑩①

police station

police station
警察署

けいさつしょ

22 施設・建物 ③

しせつ

■ 読みながらなぞって、もう1回書きましょう。

⑩

fire station
しょうぼうしょ
消防署

fire station

　　　↑
　　e をわすれずに！

⑩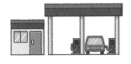

gas station
ガソリンスタンド

gas station

⑩

hospital
病院

hospital

hospital

⑩  museum
びじゅつ
美術館、博物館

museum

　　　↑
　　a ではなく u だよ。

museum

⑩

post office
ゆうびん
郵便局

post office

23 施設・建物 ④

🎏 読みながらなぞって、もう1回書きましょう。

⑩

bus stop
バス停

bus stop

┈┈┈ a ではなく u だよ。

⑱

flower shop
生花店、花屋さん

flower shop

⑲

hotel
ホテル

hotel

hotel

⑩

farm
農場

farm

┈┈┈ r をわすれずに！

farm

24 様子・状態を表すことば ①

🏵 読みながらなぞって、もう1回書きましょう。

⑪

big
大きい

big

big

⑫

small
小さい

small

small

┄┄┄ lを2つ重ねるよ。

⑬

long
長い

long

long

⑭

short
短い

short

short

┄┄┄ rをわすれずに！

25 様子・状態を表すことば ②

■ 読みながらなぞって、もう1回書きましょう。

⑪⑮

new
new

new
新しい

⑪⑯

old
old

old
古い

⑪⑰

kind
kind

kind
親切な

⑪⑱

cool
┈┈┈ o を2つ重ねるよ。
cool

cool
かっこいい

⑪⑲

famous
┈┈┈ a ではなく o だよ。
famous

famous
有名な

26 様子・状態を表すことば ③

 読みながらなぞって、もう1回書きましょう。

⑫

strong
強い

strong

strong

⑫

active
活動的な

active
┄┄┄ e をわすれずに！

active

⑫

smart
利口な

smart

smart

⑫

cute
かわいい

cute
┄┄┄ o ではなく e だよ。

cute

⑫

friendly
友好的な

friendly
┄┄┄ r ではなく l だよ。

friendly

27 動作を表すことば ①

読みながらなぞって、もう 1 回書きましょう。

⑿⑤

play

（スポーツなどを）する、
演奏する

play

······ r ではなく l だよ。

play

⑿⑥

have

ある、持っている

have

have

⑿⑦

like

好きである

like

like

⑿⑧

want

ほしい

want

want

⑿⑨

eat

食べる

eat

······ つづりのまちがいに気をつけよう。

eat

28 動作を表すことば ②

 読みながらなぞって、もう 1 回書きましょう。

⑬ walk

walk
walk
歩く

⑬ run

run
run
走る
a ではなく u だよ。

⑬jump

jump
jump
jump
と
跳ぶ

⑬speak

speak
speak
speak
話す

⑬see

see
e を 2 つ重ねるよ。

see
see
見る、見える

29 動作を表すことば ③

📖 読みながらなぞって、もう 1 回書きましょう。

⑬⑤
sing
歌う

sing

sing

⑬⑥
dance
おど
踊る

dance

------ s ではなく c だよ。

dance

⑬⑦
cook
料理をする

cook

cook

⑬⑧
buy
買う

buy

------ a ではなく u だよ。

buy

⑬⑨
help
手伝う

help

help

教科書ワーク

わくわく 英語カード

5年 1～76

スピーキングアプリ対応

わくわく 英語カード

5年 77～156

スピーキングアプリ対応

使い方

① 切りはなして、リングなどでとじます。
② 音声に続けて言いましょう。音声はこちらから聞くことができます。

音声

③ 日本語を見て英語を言いましょう。

英語が言えたら
覚えて何回も言えたら
かんぺきだと思ったら

それぞれのアイコンを丸で囲みましょう。

1 家族

2 お父さん

3 お母さん

4 お兄さん、弟

5 お姉さん、妹

6 おじいさん

7 おばあさん

8 カレーライス

9 ステーキ

10 ホットドッグ

11 スパゲッティ

12 フライドポテト

13 フライドチキン

14 焼き魚

15 おにぎり

16 めん

うら面の英語を見て、
日本語を言えるかな？

教科書ワーク 英語 5年
付録 単語カード 1～76

付録のスピーキングアプリを
いっしょに使って、
発音の練習もしてみよう！

教科書ワーク 英語 5年
付録 単語カード 77～156

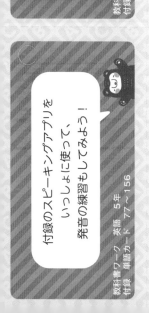

1 ♪c01 family

2 ♪c01 father
「両親」は parents と言うよ。

3 ♪c01 mother

4 ♪c01 brother

5 ♪c01 sister

6 ♪c01 grandfather
「祖父母」は grandparents と言うよ。

7 ♪c01 grandmother

8 ♪c02 curry and rice

9 ♪c02 steak
とくに「ビーフステーキのこと」を言うよ。

10 ♪c02 hot dog

11 ♪c02 spaghetti

12 ♪c02 French fries
French は「フランスの」という意味だよ。

13 ♪c02 fried chicken
fried は「(油で)あげた」という意味だよ。

14 ♪c02 grilled fish

15 ♪c02 rice ball

16 ♪c02 noodle
ふつう noodles の形で使うよ。

17 パフェ

18 ソーダ

19 ピアノ

20 リコーダー

21 ギター

22 バイオリン

23 太鼓

24 スポーツ

25 バレーボール

26 卓球

27 バドミントン

28 ドッジボール

29 かご

30 地図

31 筆箱

32 ボール

33

34 いす

35 かけ時計、置き時計

36 カレンダー

♪ c02	17	**parfait**
♪ c02	18	**soda**
♪ c03	19	**piano**
♪ c03	20	**recorder**

♪ c03	21	**guitar**
♪ c03	22	**violin**
♪ c03	23	**drum**

drums と複数形にすると
「ドラム」という意味だよ。

♪ c04	24	**sport**
♪ c04	25	**volleyball**
♪ c04	26	**table tennis**
♪ c04	27	**badminton**
♪ c04	28	**dodgeball**

♪ c05	29	**basket**
♪ c05	30	**map**
♪ c05	31	**pencil case**
♪ c05	32	**ball**

♪ c05	33	**glove**
♪ c05	34	**chair**
♪ c05	35	**clock**
♪ c05	36	**calendar**

「(1組の) 手ぶくろ」は
複数形の

「うで時計」は watch
と言うよ。

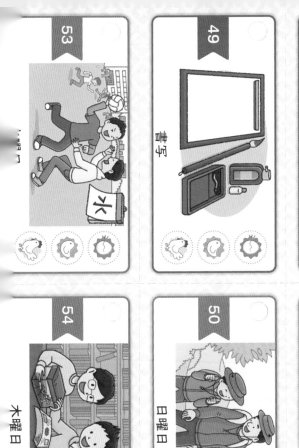

53 水曜日

49 書写

45 体育

41 算数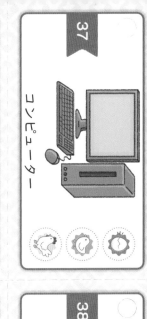

37 コンピューター

54 木曜日

50 日曜日

46 音楽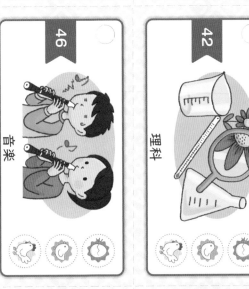

42 理科

38 ソファー

55 金曜日

51 月曜日

47 図画工作

43 社会科

39 教科

56 土曜日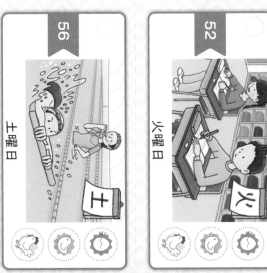

52 火曜日

48 家庭科

44 英語

40 国語

No.	Track	Word
37	c05	computer
38	c05	sofa
39	c06	subjects
40	c06	Japanese 「日本人」「日本の」という意味もあるよ。
41	c06	math
42	c06	science
43	c06	social studies
44	c06	English
45	c06	P.E.
46	c06	music
47	c06	arts and crafts
48	c06	home economics
49	c06	calligraphy
50	c07	Sunday 曜日はすべて大文字で始まるよ。
51	c07	Monday
52	c07	Tuesday
53	c07	Wednesday
54	c07	Thursday
55	c07	Friday
56	c07	Saturday

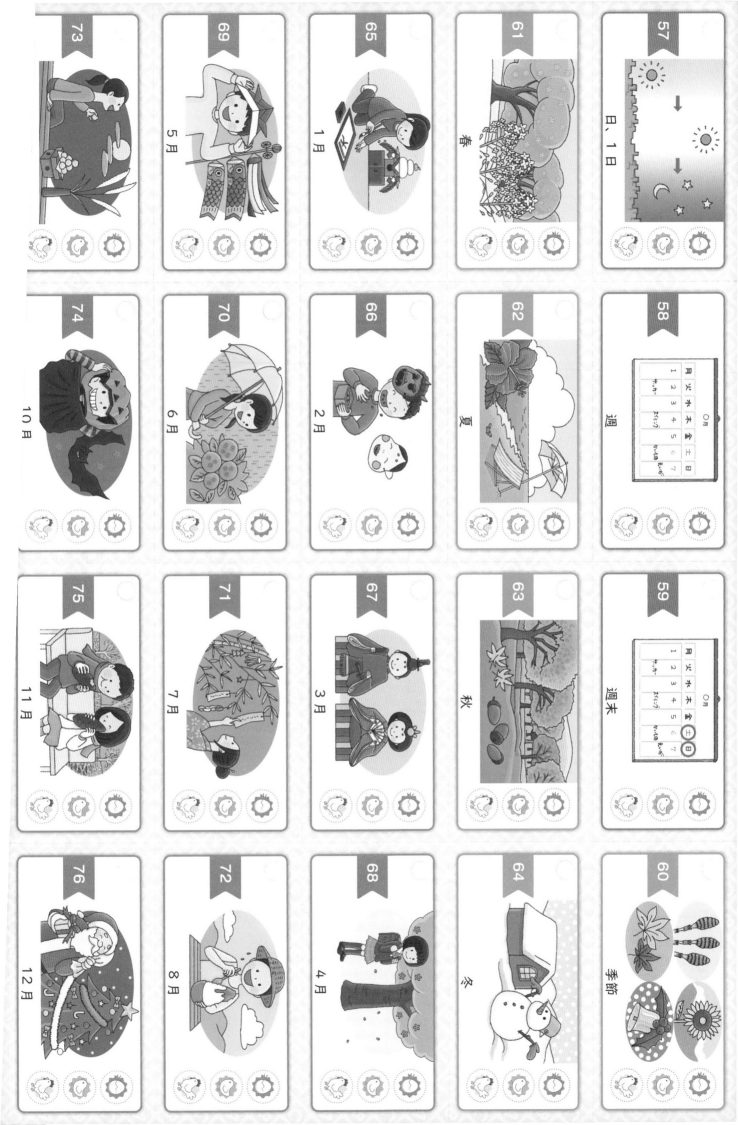

57 日、1日	58 週	59 週末	60 季節
61 春	62 夏	63 秋	64 冬
65 1月	66 2月	67 3月	68 4月
69 5月	70 6月	71 7月	72 8月
73	74 10月	75 11月	76 12月

57	day	
58	week	
59	weekend	「平日（月曜日～金曜日）」は weekday と言うよ。
60	season	「四季」は four seasons と言うよ。
61	spring	
62	summer	
63	fall	autumn という言い方もあるよ。
64	winter	
65	January	月はすべて大文字で始まるよ。
66	February	
67	March	
68	April	
69	May	
70	June	
71	July	
72	August	
73	September	
74	October	
75	November	
76	December	

c07 c07 c07 c08
c08 c08 c08 c09
c09 c09 c09 c09
c09 c09 c09 c09
c09 c09 c09 c09

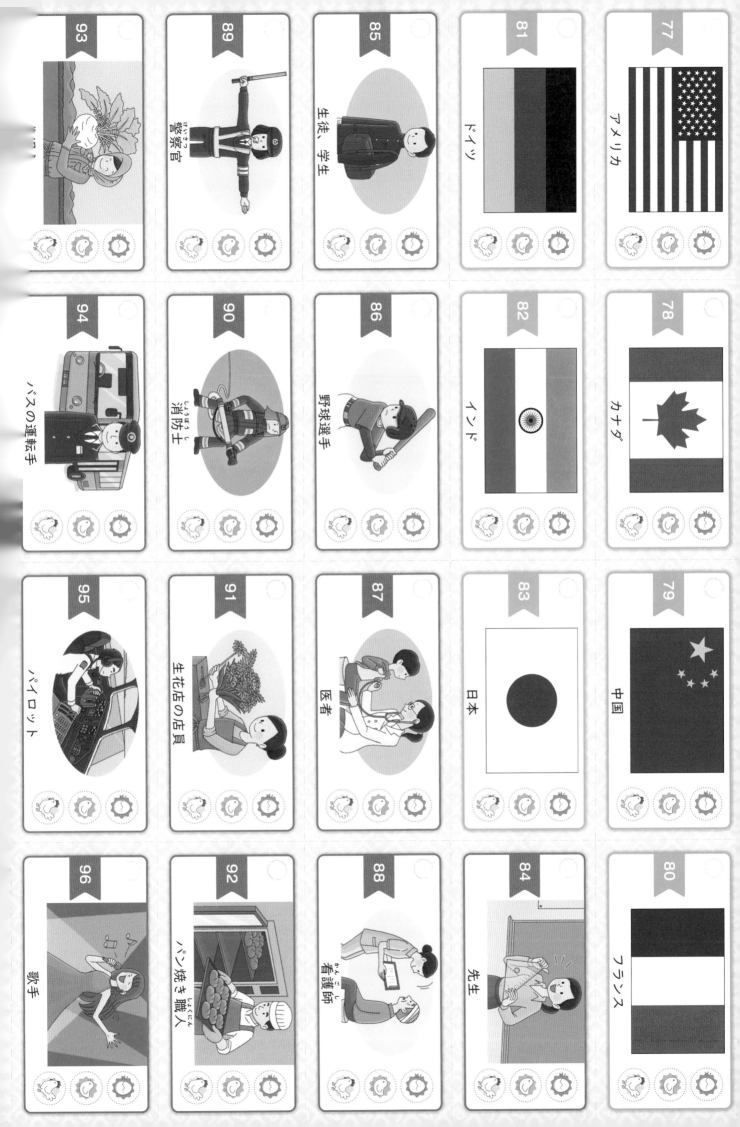

77	アメリカ
78	カナダ
79	中国
80	フランス
81	ドイツ
82	インド
83	日本
84	先生
85	生徒、学生
86	野球選手
87	医者
88	看護師
89	警察官
90	消防士
91	生花店の店員
92	パン焼き職人
93	農家
94	バスの運転手
95	パイロット
96	歌手

c10 — 77
America
the U.S. や the U.S.A. というよび方もあるよ。

c10 — 78
Canada

c10 — 79
China

c10 — 80
France

c10 — 81
Germany

c10 — 82
India

c10 — 83
Japan

c11 — 84
teacher

c11 — 85
student

c11 — 86
baseball player
player は「選手」という意味だよ。

c11 — 87
doctor

c11 — 88
nurse

c11 — 89
police officer

c11 — 90
fire fighter
firefighter と1語で表すこともあるよ。

c11 — 91
florist

c11 — 92
baker

c11 — 93
farmer

c11 — 94
bus driver

c11 — 95
pilot

c11 — 96
singer

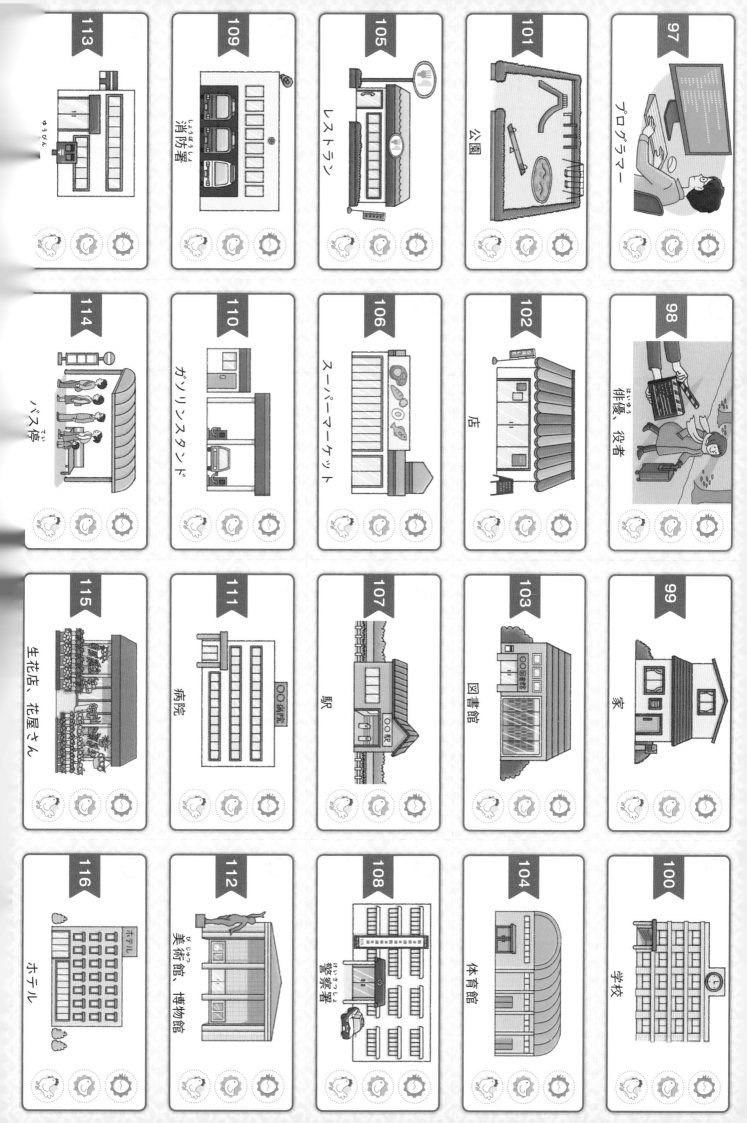

97 プログラマー

98 俳優（はいゆう）、役者

99 家

100 学校

101 公園

102 店

103 図書館

104 体育館

105 レストラン

106 スーパーマーケット

107 駅

108 警察署（けいさつしょ）

109 消防署（しょうぼうしょ）

110 ガソリンスタンド

111 病院

112 美術館（びじゅつかん）、博物館

113 郵便局（ゆうびん）

114 バス停（てい）

115 生花店、花屋さん

116 ホテル

♪ c11 | 97
programmer

♪ c11 | 98
actor

♪ c12 | 99
house

♪ c12 | 100
school

♪ c12 | 101
park

♪ c12 | 102
shop
store という言い方もあるよ。

♪ c12 | 103
library
「(学校の) 図書室」も library と言うよ。

♪ c12 | 104
gym

♪ c12 | 105
restaurant

♪ c12 | 106
supermarket

♪ c12 | 107
station

♪ c12 | 108
police station

♪ c12 | 109
fire station

♪ c12 | 110
gas station

♪ c12 | 111
hospital

♪ c12 | 112
museum
「美術館」は art museum と言うこともあるよ。

♪ c12 | 113
post office

♪ c12 | 114
bus stop

♪ c12 | 115
flower shop

♪ c12 | 116
hotel

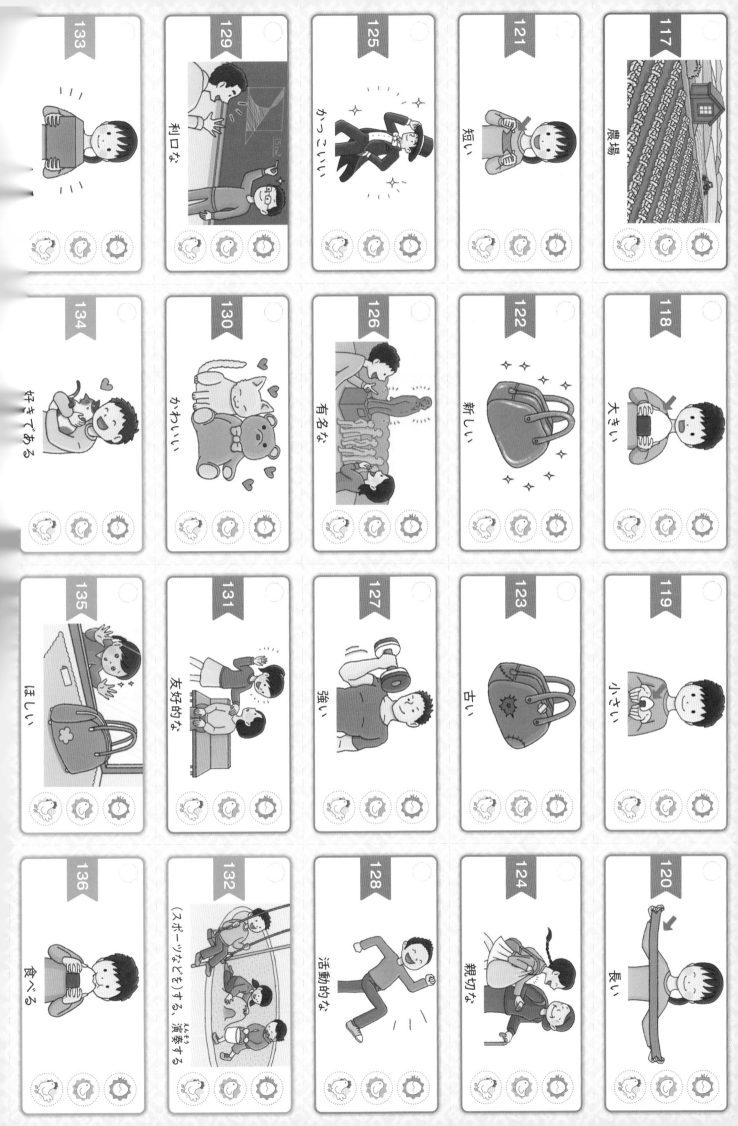

133	129 利口な	125 かっこいい	121 短い	117 農場
134 好きである	130 かわいい	126 有名な	122 新しい	118 大きい
135 ほしい	131 友好的な	127 強い	123 古い	119 小さい
136 食べる	132 (スポーツなど)する、演奏する	128 活動的な	124 親切な	120 長い

♪c12 117	farm
♪c13 118	big
♪c13 119	small
120	long

♪c13 121	short
♪c13 122	new
♪c13 123	old 「年をとった」という意味も あるよ。「若い」は young だよ。
♪c13 124	kind

♪c13 125	cool 「すずしい」という意味 もあるよ。
♪c13 126	famous
♪c13 127	strong
♪c13 128	active

♪c13 129	smart
♪c13 130	cute
♪c13 131	friendly
♪c14 132	play

♪c14 133	have 「食べる」という意味も あるよ。
♪c14 134	like
♪c14 135	want
♪c14 136	eat

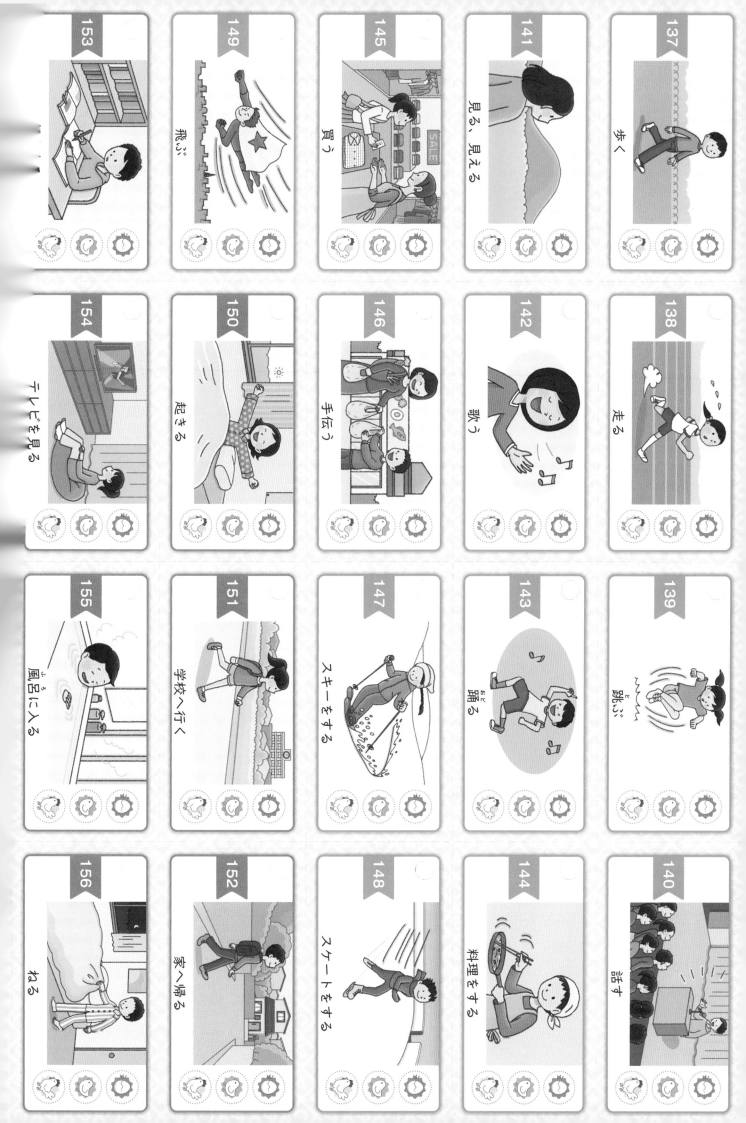

137 歩く

138 走る

139 跳ぶ

140 話す

141 見る、見える

142 歌う

143 踊る

144 料理をする

145 買う

146 手伝う

147 スキーをする

148 スケートをする

149 飛ぶ

150 起きる

151 学校へ行く

152 家へ帰る

153 書く

154 テレビを見る

155 風呂に入る

156 ねる

♪ c14 137	♪ c14 138	139	♪ c14 140
walk	run	jump	speak
			speak English で「英語を話す」だよ。

♪ c14 141	♪ c14 142	♪ c14 143	♪ c14 144
see	sing	dance	cook
			「料理人」という意味もあるよ。

♪ c14 145	♪ c14 146	♪ c14 147	♪ c14 148
buy	help	ski	skate

♪ c14 149	♪ c15 150	♪ c15 151	♪ c15 152
fly	get up	go to school	go home

♪ c15 153	♪ c15 154	♪ c15 155	♪ c15 156
do my homework	watch TV	take a bath	go to bed

教科書ワーク もくじ

光村図書版 英語5年

▶動画で復習＆アプリで練習! 重要表現まるっと整理

この本のくわしい使い方

小学教科書ワークでは 教科書内容の学習 ・ 重要単語の練習 ・ 重要表現のまとめ の3つの柱で
小学校で習う英語を楽しくていねいに学習できます。ここではそれぞれの学習の流れを紹介します。

教科書内容の学習

1 基本のワーク

アレック
Alec先生

QRコードを読み取ると音声が
流れるよ！
リズムにあわせて楽しく練習！

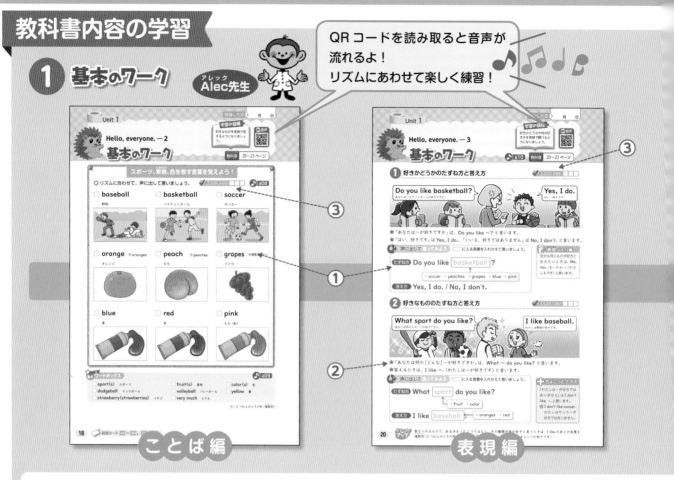

① 新しく習う英語を音声に続いて大きな声で言おう。
  ● ことば編 では、その単元で学習する単語をリズムにあわせて音読するよ。
  ● 表現編 では、最初にふきだしの英語の音声を聞いて、その単元で学習する表現を確認するよ。
    次に「声に出して言ってみよう」で _____ のことばにいれかえてリズムにあわせて音読するよ。
② 新しく習う表現についての説明を読もう。
③ 声に出して言えたら、□にチェックをつけよう。

重要単語の練習

1 わくわく英語カード

ことば編 の最後に、英語カード
の対応番号が書いてあるよ！

英語カード 24 ～ 28

2 英語練習ノート

各単元に関連する単語
をいっしょに覚えよう！
音声つき！

単語を書くと
より定着するよ！

※QRコードは(株)デンソーウェーブの登録商標です。

英語音声の再生方法は
5ページを見よう！

リョウ
Ryo

② 書いて練習のワーク

③ 聞いて練習のワーク

QRコードから問題の音声
が聞けるよ。

④ まとめのテスト

④ 新しく習ったことばや表現を書いて練習しよう。声に出して言いながら書くと効果的だよ。

⑤ 音声を聞いて問題に答えよう。聞きとれなかったら、もう一度聞いてもOK。

⑥ 解答集を見て答え合わせをしよう。読まれた音声も確認！

⑦ 確認問題にチャレンジ！問題をよく読もう。時間を計ってね。

⑧ 解答集を見て答え合わせをしよう。

③ 単語リレー（実力判定テスト）やはつおん上達アプリおん達でアウトプット！

単語リレーで単語の
テストができるよ！

おん達ではつおん
練習ができるよ！

おん達の使い方・アクセス
コードは4ページを見よう！

ヒナ
Hina

重要表現のまとめ

動画で復習&アプリで練習！
重要表現まるっと整理

QRコードを読み取ると
わくわく動画が見られるよ！

わくわく動画

I'm happy. Oliver!

リズムにあわせて表現の復習！

It's your turn!

Hint!

happy　sad　sleepy

fine　tired　hungry

I'm _____ .

自己表現の練習も！

発音上達アプリおん達
にも対応しているよ。

「重要表現まるっと整理」は
113ページからはじまるよ。

Adra

最後にまとめとして使って
も良いし、日ごろの学習に
プラスしても良いね！

Oliver

アプリ・音声について

この本のふろくのすべてのアクセスコードは **EYKF6F8a** です。

★ 文理のはつおん上達アプリ　おん達

- 「重要表現まるっと整理」と「わくわく英語カード」の発話練習ができます。
- お手本の音声を聞いて、自分の発音をふきこむとAIが点数をつけます。
- 何度も練習し、高得点を目ざしましょう。
- 右のQRコードからダウンロードページへアクセスし、
  上記のアクセスコードを入力してください。
- アクセスコード入力時から15か月間ご利用になれます。
- 【推奨環境】スマートフォン、タブレット等(iOS11以上、Android8.0以上)

おん達
ダウンロード

※音声配信サービスおよび「おん達」は無料ですが、別途各通信会社の通信料がかかります。
※お客様のネット環境および端末によりご利用いただけない場合がございます。ご理解、ご了承いただきますよう、お願いいたします。

実力判定テスト

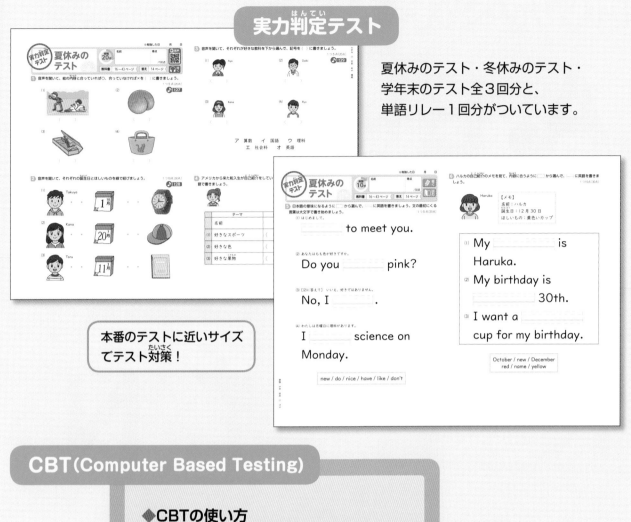

夏休みのテスト・冬休みのテスト・学年末のテスト全3回分と、単語リレー1回分がついています。

本番のテストに近いサイズでテスト対策！

CBT (Computer Based Testing)

◆CBTの使い方
❶BUNRI-CBT(https://b-cbt.bunri.jp)に
PC・タブレットでアクセス。
❷ログインして、4ページのアクセスコードを
入力。

WEB上のテストにちょうせん。
成績表で苦手チェック！

★英語音声の再生方法
●英語音声があるものには ♪ a01 がついています。音声は以下の3つの方法で再生することができます。
①QRコードを読み取る：
各単元の冒頭についている音声QRコードを読み取ってください。
②音声配信サービスonhaiから再生する：
WEBサイト https://listening.bunri.co.jp/ へアクセスしてください。
③音声をダウンロードする：
文理ホームページよりダウンロードも可能です。
URL https://portal.bunri.jp/b-desk/eykf6f8a.html
②・③では4ページのアクセスコードを入力してください。

※本体、ふろくの国旗イラストのたてと横の比率は、国際連合で使用している 2：3 になっています。

A B C D E

F G H I J

K L M N

O P Q R

S T U V W

X Y Z

小文字

リズムに合わせて、声に出して言いましょう。 言えたらチェック □□□

音声 ♪ a01

a b c d e
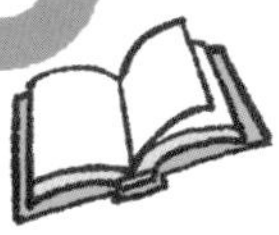
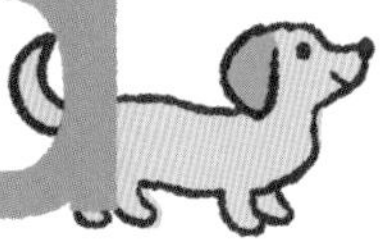

f g h i j
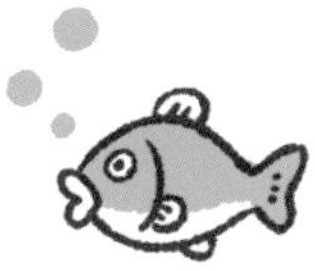
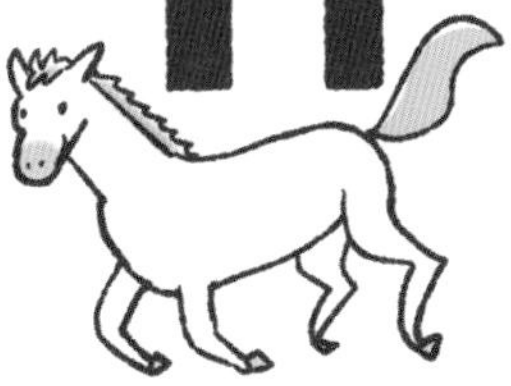
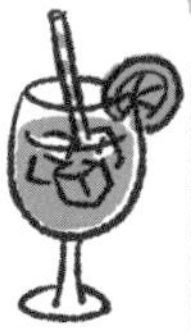

k l m n
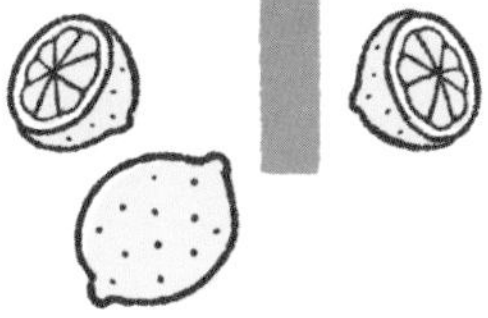
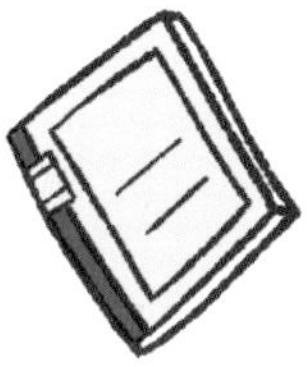

o p q r
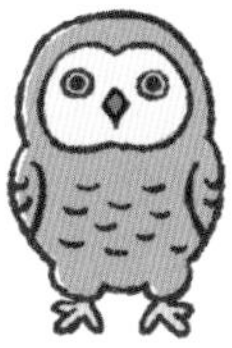
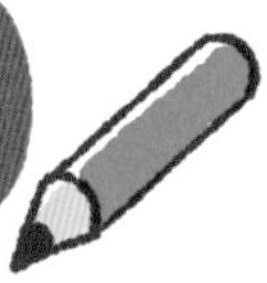
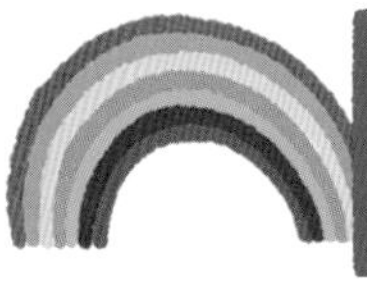

s t u v w
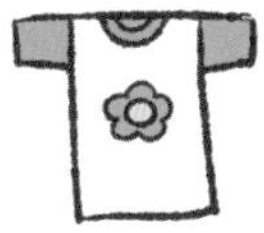
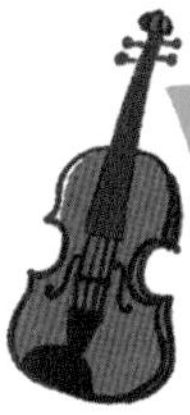

x y z
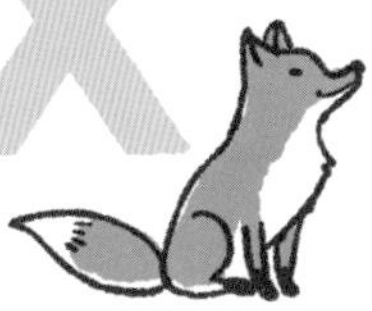
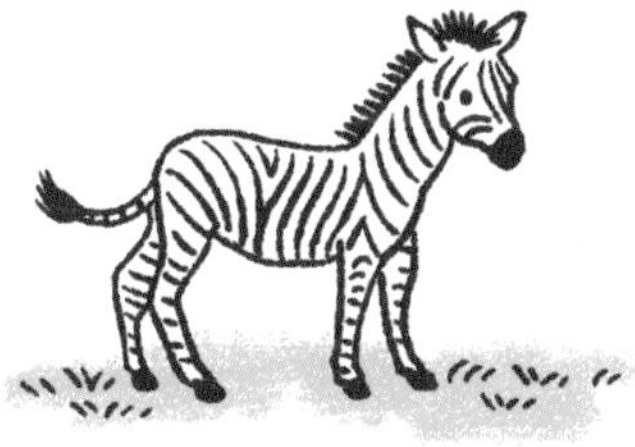

アルファベットを書こう

⭐ 読みながらなぞって、もう1回書きましょう。

※書き順は一つの例です。

大文字

●…書き出し

がんばって！

8

形や高さに注意して
書いてみよう！

小文字

a¹ a	¹b b	c̆¹ c
d̆¹ d	e̊¹ e	f̆¹² f
g¹ g	h¹ h	i²¹ i
j²¹ j	k¹² k	l¹ l
m¹ m	n¹ n	o¹ o
p¹ p	q¹ q	r¹ r
s¹ s	t¹² t	u¹ u
v¹ v	w¹ w	x¹² x
y¹² y	z¹ z	

全部書けた
かな？

9

いつも「たいせつ」、言葉の準備運動じゅんび
基本のワーク

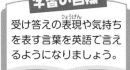
学習の目標
受け答えの表現や気持ちを表す言葉を英語で言えるようになりましょう。

🔊音声

教科書　10〜11 ページ

---

① 心が通う受け答え

✓言えたらチェック □□□　　♪ a02

🌼 音声を聞いて、言いましょう。

🍀 相手の話を受け止めていることを表す

Wow.	すごい。
Really?	本当？
That's right.	そうだね。
I see.	そうなんだ。

反応しながら話を聞こう！はんのう

🍀 相手の話に共感していることを伝える

Great. / Wonderful.	すごいね。
Good. / That's nice.	いいね。

🍀 会話を広げる

How about you?	あなたはどう？
Why?	どうして？

話すときはアイコンタクトを大切に！

🍀 会話でこまったときに使う

Well, ... / Let me see.	ええと…
Excuse me? / Sorry? / Pardon?	何と言いましたか。
I'm not sure.	分かりません。

 音声を聞いて、言いましょう。

□ **fine**

元気な

□ **sad**

悲しい

□ **happy**

楽しい、幸せな

□ **tired**

つかれた

□ **sleepy**

ねむい

□ **hungry**

空腹な

□ **thirsty**

のどがかわいた

□ **angry**

おこった

□ **excited**

わくわくした

□ **nervous**

緊張して

□ **great**

すばらしい、すごい

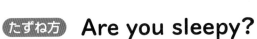 気持ちや状態のたずね方

（たずね方） **Are you sleepy?**　　あなたはねむいですか。

（答え方） **Yes, I am.**　　はい、ねむいです。

表現べんり帳

「いいえ、ちがいます」と答えるときは、No, I'm not.［ノゥ アイム ナット］と言います。I'm は I am を短くした言い方です。

聞く　話す　読む　書く

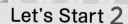

3、4年生で学習した表現
基本のワーク

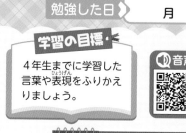

学習の目標・
4年生までに学習した言葉や表現をふりかえりましょう。

教科書 12〜13ページ

① さまざまな場面の英語

☑ 言えたらチェック □□□　 ♪ a04

✿ 音声を聞いて、言いましょう。

🍀 自己紹介のあいさつ

A: Hello, my name is Jun.　　こんにちは、わたしの名前はジュンです。

B: Hello, my name is Emily.

　Nice to meet you.

こんにちは、わたしの名前はエミリーです。はじめまして。

🍀 持っているもののたずね方

たずね方　**Do you have a pen?**　　あなたはペンを持っていますか。

答え方　**Yes, I do.**　　はい、持っています。

🍀 ほしいものの伝え方

伝え方　**I want bananas.**　　わたしはバナナがほしいです。

答え方　**Bananas?　OK, how many?**

バナナですか？　わかりました、いくつですか？

🍀 ものをわたすときの言い方

A: **Here you are.**　　はい、どうぞ。

B: **Thank you.**　　ありがとう。

🍀 好きな色のたずね方

たずね方　**What color do you like?**　　あなたは何の色が好きですか。

答え方　**I like blue.**　　わたしは青が好きです。

② 天気を表す言葉

⭐ 音声を聞いて、言いましょう。

☐ **sunny**

晴れている

☐ **cloudy**

くもった

☐ **rainy**

雨がふっている

☐ **snowy**

雪がふっている

☐ **cold**

寒い、冷たい

☐ **hot**

暑い、熱い

☐ **cool**

すずしい、かっこいい

☐ **warm**

暖かい

✿ 天気のたずね方

（たずね方） **How's the weather today?** 　今日はどんな天気ですか。

（答え方） **It's sunny and hot.** 　晴れていて暑いです。

📓 **表現べんり帳**
天気について言うときは、
It's ～ .「～です」と言
います。～に天気を表す
言葉を入れます。

アルファベット

基本のワーク

学習の目標・
それぞれのアルファベットで始まる言葉を確認しましょう。

 音声

教科書 14〜15 ページ

① A a〜M m

✔ 言えたらチェック □□□ a06

⭐ リズムに合わせて、声に出して言いましょう。

□ **A a**

apple

□ **B b**

book

□ **C c**

cup

□ **D d**

dog

□ **E e**

egg

□ **F f**

fish

□ **G g**

guitar

□ **H h**

house

□ **I i**
ink

□ **J j**

juice

□ **K k**

koala

□ **L l**

lake

□ **M m**

music

リズムに合わせて発音を確認しよう！

② N n ～ Z z

⭐ リズムに合わせて、声に出して言いましょう。

☐ **N n**

nurse

☐ **O o**

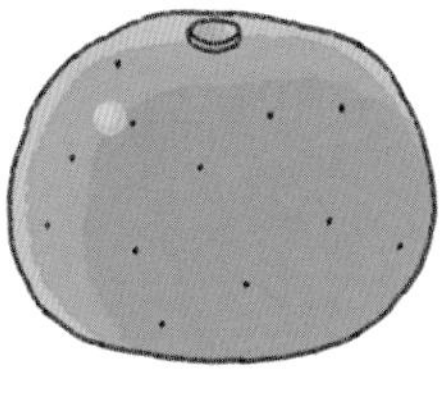

orange

☐ **P p**

piano

☐ **Q q**

queen

☐ **R r**

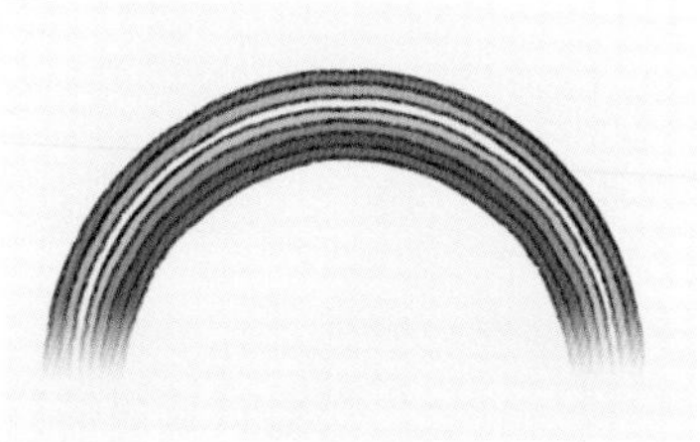

rainbow

☐ **S s**

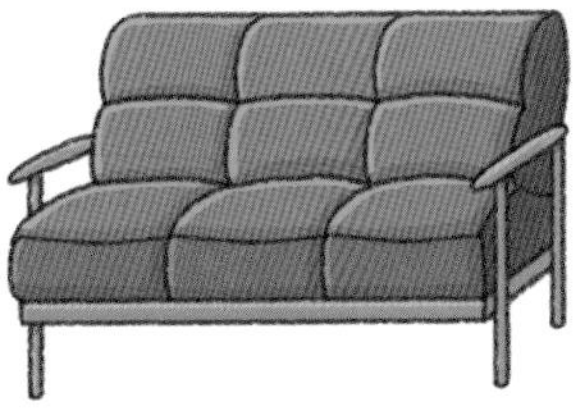

sofa

☐ **T t**

train

☐ **U u**

umbrella

☐ **V v**

violin

☐ **W w**

water

☐ **X x**

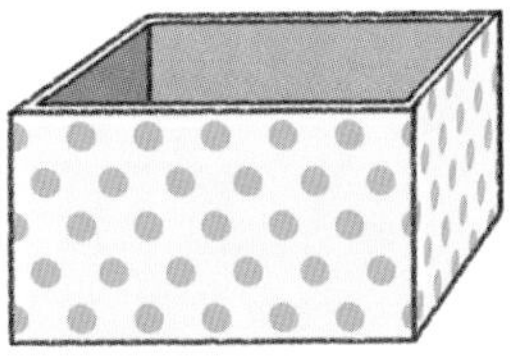

box

☐ **Y y**

yacht

☐ **Z z**

zoo

いろいろな単語があるね！

聞く
話す
読む
書く

15

Unit 1

勉強した日　月　日

学習の目標
自分の名前とそのつづりを英語で言えるようになりましょう。

 音声

Hello, everyone. ― 1
基本のワーク

♪ a07　教科書 16〜19 ページ

❶ 自分の名前の言い方

✓言えたらチェック □□□

My name is Haruki.
Nice to meet you.
わたしの名前はハルキです。はじめまして。

❀「わたしの名前は〜です」は、My name is 〜. と言います。「〜」に自分の名前を入れます。

❀「はじめまして」は、Nice to meet you. と言います。

🔊 声に出して言ってみよう　　□に入る言葉を入れかえて言いましょう。

My name is [Haruki].　Nice to meet you.
・Yuri　・Ryota

➕ ちょこっとプラス
Nice to meet you, too[トゥー]. は「こちらこそはじめまして」という意味です。

❷ 名前のつづりのたずね方と答え方

✓言えたらチェック □□□

How do you spell it?
それはどのようにつづりますか。

HARUKI

H-A-R-U-K-I.
[エイチ、エイ、アー、ユー、ケイ、アイ]

❀「それはどのようにつづりますか」は、How do you spell it? と言います。つづりとは、英単語の文字（アルファベット）のならびのことです。

❀答えるときは、H-A-R-U-K-I のようにアルファベットを1文字ずつ言います。

🔊 声に出して言ってみよう　　次の英語を言いましょう。

たずね方 How do you spell it?
答え方 H-A-R-U-K-I. / Y-U-R-I. /
R-Y-O-T-A.

📝 表現べんり帳
名前のつづりを教えてもらったら、Thank you.「ありがとう」などとお礼を言います。

ステップアップ 「あなたの名前は何ですか」とたずねるときは、What's your name? などと言います。What's は What is を短くした言い方です。

書いて練習のワーク

☆ 読みながらなぞって、もう1回書きましょう。

My name is Haruki.

わたしの名前はハルキです。

My name is Yuri.

わたしの名前はユリです。

Nice to meet you.

はじめまして。

How do you spell it?

それはどのようにつづりますか。

Y-U-R-I.

［ワイ、ユー、アー、アイ］

R-Y-O-T-A.

［アー、ワイ、オウ、ティー、エイ］

 英語で名前を言うときは、ふつう名前・名字の順に言うよ。日本人の場合は、日本語と同じように名字・名前の順に言ってもいいよ。

17

Hello, everyone. — 2

基本のワーク

学習の目標

好きなものを英語で言えるようになりましょう。

音声

教科書 20〜23 ページ

スポーツ、果物、色を表す言葉を覚えよう！

⭐ リズムに合わせて、声に出して言いましょう。　✓言えたらチェック □□□　♪a08

□ **baseball**

野球

□ **basketball**

バスケットボール

□ **soccer**

サッカー

□ **orange** 複oranges

オレンジ

□ **peach** 複peaches

モモ

□ **grapes** ※複数あつかい

ブドウ

□ **blue**

青

□ **red**

赤

□ **pink**

もも（色）

ワードボックス　　　　　　　　　　　　　　　　　♪a09

□ sport(s)　スポーツ
□ dodgeball　ドッジボール
□ strawberry(strawberries)　イチゴ

□ fruit(s)　果物
□ volleyball　バレーボール
□ very much　とても

□ color(s)　色
□ yellow　黄

複…2つ以上のときの形（複数形）

書いて練習のワーク

⭐ 読みながらなぞって、1〜3回書きましょう。

baseball

野球

basketball

バスケットボール

soccer

サッカー

orange

オレンジ

peach

モモ

grapes

ブドウ

blue

青

red

赤

pink

もも（色）

 「ブドウ」は英語で grape だけれど、これは 1 つ 1 つのつぶをさすよ。ふさになっているブドウはつぶがたくさん集まっているから、grapes と複数形で表すよ。

19

Hello, everyone. ― 3

基本のワーク

♪a10　教科書 20〜23 ページ

① 好きかどうかのたずね方と答え方

✔言えたらチェック ☐☐☐

Do you like basketball?
あなたはバスケットボールが好きですか。

Yes, I do.
はい、好きです。

✿「あなたは〜が好きですか」は、**Do you like 〜?** と言います。

✿「はい、好きです」は **Yes, I do.**、「いいえ、好きではありません」は **No, I don't.** と言います。

🎧 声に出して言ってみよう　☐に入る言葉を入れかえて言いましょう。

たずね方 **Do you like** [basketball] **?**

・ soccer　・ peaches　・ grapes　・ blue　・ pink

答え方 **Yes, I do. / No, I don't.**

📝表現べんり帳
自分も同じものが好きだと伝えたいときは、**Me, too.**［ミー トゥー］（わたしもです）と言います。

② 好きなもののたずね方と答え方

✔言えたらチェック ☐☐☐

What sport do you like?
あなたは何のスポーツが好きですか。

I like baseball.
わたしは野球が好きです。

✿「あなたは何の［どんな］〜が好きですか」は、**What 〜 do you like?** と言います。

✿答えるときは、**I like 〜.**（わたしは〜が好きです）と言います。

🎧 声に出して言ってみよう　☐に入る言葉を入れかえて言いましょう。

たずね方 **What** [sport] **do you like?**

・ fruit　・ color

答え方 **I like** [baseball] **.**　・ oranges　・ red

➕ちょこっとプラス
「わたしは〜が好きではありません」は **I don't like 〜.** と言います。
例 **I don't like soccer.**　わたしはサッカーが好きではありません。

ステップアップ 数えられるもので、ある決まった１つのものではなく、その種類全体が好きと言うときは、I like のあとの言葉を複数形（２つ以上のときの形）にします。 例 I like oranges.（わたしはオレンジが好きです）

書いて練習のワーク

⭐ 読みながらなぞって、もう1回書きましょう。

Do you like basketball?

あなたはバスケットボールが好きですか。

Yes, I do.

はい、好きです。

No, I don't.

いいえ、好きではありません。

What sport do you like?

あなたは何のスポーツが好きですか。

I like baseball.

わたしは野球が好きです。

What fruit do you like?

あなたはどんな果物が好きですか。

I like oranges.

わたしはオレンジが好きです。

 「大好きだ」ということを表したいときは、love［ラヴ］を使って、I love soccer.（わたしはサッカーが大好きです）のように言うこともできるよ。

聞く
話す
読む
書く

21

聞いて練習のワーク

できた数

／7問中

教科書 16〜23ページ　　答え 1ページ

1 音声を聞いて、それぞれの名前を（　）にカタカナで書きましょう。　♪ t01

(1)

（　　　　　　　　）

(2)

（　　　　　　　　）

(3)

（　　　　　　　　）

(4)

（　　　　　　　　）

2 音声を聞いて、それぞれが好きなものを ┈┈ から選んで、（　）に日本語で書きましょう。

♪ t02

	名　前	スポーツ	<ruby>果物<rt>くだもの</rt></ruby>	色
(1)	Ayumi	バスケットボール	（　　　　　）	もも
(2)	Kenta	（　　　　　）	ブドウ	（　　　　　）
(3)	Riko	（　　　　　）	（　　　　　）	青

┌─────────────────────────────┐
サッカー　オレンジ　野球　モモ　赤　バレーボール
└─────────────────────────────┘

1 日本語の意味になるように［ ］から選んで、＿＿に英語を書きましょう。文の最初にくる言葉は大文字で書き始めましょう。 1つ8点〔24点〕

(1) わたしの名前はヒロトです。

＿＿＿＿＿ name is Hiroto.

(2) それはどのようにつづりますか。

＿＿＿＿＿ do you spell it?

(3) あなたは何色が好きですか。

＿＿＿＿＿ color do you like?

like / how / what / my

2 日本語の意味を表す英語の文を［ ］から選んで、＿＿に書きましょう。 1つ13点〔26点〕

(1) あなたはサッカーが好きですか。

(2) [(1)に答えて] はい、好きです。

I like oranges. / Yes, I do.
No, I don't. / Do you like soccer?

  勉強した日 月 日

When is your birthday? ― 1

基本のワーク

 音声

学習の目標・
月の名前を英語で言え
るようになりましょう。

教科書 26〜29 ページ

 月を表す言葉を覚えよう！

★ リズムに合わせて、声に出して言いましょう。　☑言えたらチェック □□□　♪ a11

☐ **January**

1月

☐ **February**

2月

☐ **March**

3月

☐ **April**

4月

☐ **May**

5月

☐ **June**

6月

☐ **July**

7月

☐ **August**

8月

☐ **September**

9月

☐ **October**

10月

☐ **November**

11月

☐ **December**

12月

書いて練習のワーク

☆ 読みながらなぞって、1 〜 2 回書きましょう。

January

1 月

February

2 月

March　　　　April

3 月　　　　　　　　4 月

May　　　　　June

5 月　　　　　　　　6 月

July　　　　　August

7 月　　　　　　　　8 月

September

9 月

October

10 月

November

11 月

December

12 月

 アメリカやイギリスの学校では、学年はふつう 9 月に始まり、次の年の 6〜7 月に終わるよ。夏休みが約 2〜3 か月もあるんだ。

When is your birthday? — 2

基本のワーク

学習の目標・
誕生日を英語で言ったり聞いたりできるようになりましょう。

🔊音声

♪a12　教科書 26〜29ページ

① 日にちの言い方

✓言えたらチェック □□□

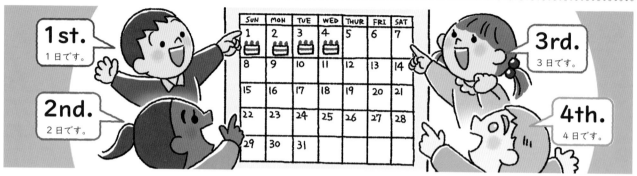

1st. 1日です。
2nd. 2日です。
3rd. 3日です。
4th. 4日です。

❀日にちはふつうの数を表す言い方ではなく、1st（1番目）、2nd（2番目）、3rd（3番目）のような、「〜番目」という順序を表す言い方を使います。

🔈 声に出して言ってみよう　次の英語を言いましょう。

・1st　・2nd　・3rd　・4th　・5th　・6th　・7th　・8th　・9th
・10th　・11th　・12th　・13th　・14th　・15th…
・20th　・21st　・22nd　・23rd　・24th　・25th…・30th　・31st

➕ちょこっとプラス
「〜番目」の表し方
一の位が1〜3以外なら数字に th を付けます。11、12、13は例外です。

② 誕生日のたずね方と答え方

✓言えたらチェック □□□

When is your birthday?
あなたの誕生日はいつですか。

My birthday is February 1st.
わたしの誕生日は2月1日です。

❀「あなたの誕生日はいつですか」は、When is your birthday? と言います。
❀答えるときは、My birthday is〈月〉〈日〉. と言います。

🔈 声に出して言ってみよう　□に入る言葉を入れかえて言いましょう。

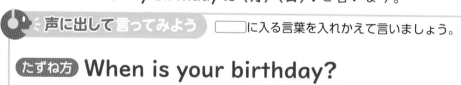

たずね方 When is your birthday?
答え方 My birthday is February 1st.
↑
・July 3rd　・August 12th　・December 22nd

📓表現べんり帳
相手の言ったことを聞き返すときは、Excuse me?「何と言いましたか」と言います。

「1月に」と言うときは in January と言います。「1月1日に」と言うときは on January 1st と言います。

書いて練習のワーク

⭐ 読みながらなぞって、もう1回書きましょう。

When is your birthday?

あなたの誕生日はいつですか。

My birthday is February 1st.

わたしの誕生日は 2 月 1 日です。

My birthday is July 3rd.

わたしの誕生日は 7 月 3 日です。

My birthday is August 12th.

わたしの誕生日は 8 月 12 日です。

My birthday is December 22nd.

聞く
話す
読む
書く

わたしの誕生日は 12 月 22 日です。

 英語のトビラ　日付の書き方はアメリカとイギリスで異なるよ。たとえば「2024 年 5 月 5 日」は、アメリカでは、May 5th, 2024 と書き、イギリスでは、5th May, 2024 のように書くよ。

When is your birthday? — 3

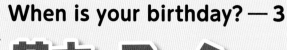

基本のワーク

 音声

身の回りのものを表す言葉を覚えよう！

★ リズムに合わせて、声に出して言いましょう。　　✓ 言えたらチェック □□□　♪ a13

□ **pencil** 複 pencils
えんぴつ

□ **bag** 複 bags
バッグ

□ **ruler** 複 rulers
定規（じょうぎ）

□ **pencil case** 複 pencil cases
筆箱

□ **watch** 複 watches
腕時計（うでどけい）

□ **cap** 複 caps
（ふちのない）ぼうし

□ **cup** 複 cups
カップ

□ **hat** 複 hats
（ふちのある）ぼうし

□ **notebook** 複 notebooks
ノート

Word ワードボックス　　　　　　♪ a14

□ soccer ball(s)　サッカーボール　　□ eraser(s)　消しゴム　　□ desk(s)　つくえ
□ computer(s)　コンピュータ　　□ card(s)　カード、トランプ　　□ new　新しい　　□ big　大きい

ことば解説

cap はニットぼうのようなふちのないぼうしや、野球ぼうのようなつばのあるぼうしのことをさします。
麦わらぼうしのようなふちのあるぼうしは hat と言います。

複…複数形（ふくすうけい）

書いて練習のワーク

⭐ 読みながらなぞって、1～3回書きましょう。

pencil

えんぴつ

bag

バッグ

ruler

定規

pencil case

筆箱

watch

腕時計

cap

（ふちのない）ぼうし

cup

カップ

hat

（ふちのある）ぼうし

聞く
話す
読む
書く

notebook

ノート

日本語の「パソコン」のことは英語では PC と言うよ。PC は personal computer［パーソナル コンピュータ］（個人のコンピュータ）を短くした言い方だよ。

学習の目標・
誕生日にほしいものについて、英語で言えるようになりましょう。

音声

When is your birthday? — 4

基本のワーク

♪a15 | 教科書 30〜33ページ

① 誕生日にほしいもののたずね方

✓言えたらチェック ☐☐☐

What do you want for your birthday?
あなたは誕生日に何がほしいですか。

❋「あなたは誕生日に何がほしいですか」は、**What do you want for your birthday?** と言います。

❋ **for your birthday** は「（あなたの）誕生日に」という意味です。

🎧 声に出して言ってみよう　次の英語を言いましょう。

たずね方 **What do you want for your birthday?**

➕ちょこっとプラス

What do you 〜? と相手にたずねる文は、文の最後を下げるような調子で読みます。

② 誕生日にほしいものの答え方

✓言えたらチェック ☐☐☐

I want a new pencil.
わたしは新しいえんぴつがほしいです。

❋答えるときは、**I want 〜.**（わたしは〜がほしいです）と言います。

❋ **new**（新しい）のような、ものの状態を表す言葉は、ものを表す言葉の前に置きます。

🎧 声に出して言ってみよう　☐に入る言葉を入れかえて言いましょう。

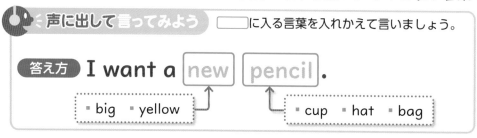

答え方 **I want a** ☐new☐ ☐pencil☐**.**

・big ・yellow ↑　　↑ ・cup ・hat ・bag

📒 表現べんり帳

誕生日をむかえた友達には、Happy birthday!「誕生日おめでとう！」とお祝いの言葉を言います。

ステップアップ　a は「1つの〜」という意味で、数えられるものを表す言葉の前に置きます。あとにくる言葉が日本語のア・イ・ウ・エ・オに似た音で始まるときは、a ではなく an を使います。

書いて練習のワーク

⭐ 読みながらなぞって、もう1回書きましょう。

What do you want for your
birthday?

あなたは誕生日に何がほしいですか。

I want a new pencil.

わたしは新しいえんぴつがほしいです。

I want a big cup.

わたしは大きいカップがほしいです。

I want a yellow hat.

わたしは黄色いぼうしがほしいです。

I want a new bag.

聞く
話す
読む
書く

わたしは新しいバッグがほしいです。

 英語の　アメリカやイギリスでは、誕生日などでプレゼントをもらうと、ふつうその場で包みを開けて中身を見て、相
トビラ！　手に感想などを伝えるよ。

聞いて練習のワーク

教科書 26〜33 ページ　答え　2 ページ

1 音声を聞いて、それぞれの誕生日を線で結びましょう。

♪ t03

(1)　　Ken

・

・　3 月 22 日

(2)　　Emi

・

・　10 月 28 日

(3)　　Taku

・

・　5 月 1 日

(4)　　Yuki

・

・　6 月 15 日

2 音声を聞いて、絵の内容と合っていれば○、合っていなければ×を（　）に書きましょう。

(1)　

(2)　

♪ t04

（　　　）

（　　　）

(3)　

(4)　

（　　　）

（　　　）

When is your birthday?

得点

/50点

時間
20分

教科書 26〜33 ページ 答え 3 ページ

1 英語の意味を表す日本語を、（ ）に書きましょう。   1つ5点〔20点〕

(1) July   （   ）

(2) February   （   ）

(3) November   （   ）

(4) April   （   ）

2 日本語の意味になるように ┈┈ から選んで、▭ に英語を書きましょう。文の最初にくる
言葉は大文字で書き始めましょう。   1つ10点〔30点〕

(1) あなたの誕生日はいつですか。

＿＿＿＿＿＿ is your birthday?

(2) あなたは誕生日に何がほしいですか。

＿＿＿＿＿＿ do you want for

your birthday?

(3) [(2)に答えて] わたしは新しいぼうしがほしいです。

I ＿＿＿＿＿＿ a new hat.

what / want / like / when

勉強した日 ▶ 　　月　　日

What subjects do you like? ① — 1

基本のワーク

学習の目標・
教科を表す言葉を英語で言えるようになりましょう。

音声

教科書 36〜43 ページ

教科を表す言葉を覚えよう！

⭐ リズムに合わせて、声に出して言いましょう。　✔言えたらチェック ☐☐☐　♪a16

☐ **subject**
　　　　　　　　複 subjects
教科

☐ **Japanese**
国語

☐ **English**
英語

☐ **math**
算数

☐ **social studies**
社会科

☐ **science**
理科

☐ **P.E.**
体育

☐ **home economics**
家庭科

☐ **music**
音楽

Word ワードボックス
♪a17

☐ arts and crafts 　図画工作　　☐ moral education 　道徳　　☐ calligraphy 　書写
☐ period for integrated study 　総合的な学習の時間　　☐ Chinese 　中国語

発音コーチ

math の th は舌の先を上の歯のうらに軽く当て、舌と歯のすき間から息を出して発音します。日本語の「ス」とはちがう音なので注意しましょう。

複…複数形

書いて練習のワーク

☆ 読みながらなぞって、1 〜 3 回書きましょう。

subject

教科

Japanese

国語

English

英語

math

算数

social studies

社会科

science

理科

P.E.

体育

home economics

家庭科

聞く
話す
読む
書く

music

音楽

　P.E. は、physical education［フィズィカル エヂュケイション］を短くした言い方だよ。physical は「身体の」、education は「教育」という意味だよ。

What subjects do you like? ① — 2

学習の目標・
好きな教科を英語で言ったり聞いたりできるようになりましょう。

🔊音声

基本のワーク

♪a18 教科書 36〜39 ページ

① 好きな教科の言い方

✓言えたらチェック ☐☐☐

I like math and social studies.
わたしは算数と社会科が好きです。

✿好きな教科を言うときは、I like 〜. を使います。「〜」に好きな教科を入れます。

🔊 声に出して言ってみよう ☐に入る言葉を入れかえて言いましょう。

I like [math] and [social studies].
　　　　　 ↑　　　　　　↑
　　　・P.E. ・English　　・calligraphy ・arts and crafts

➕ちょこっとプラス
math and social studies
(算数と社会科)のように
2つのものをならべると
きは、and を使います。

② 好きな教科のたずね方と答え方

✓言えたらチェック ☐☐☐

What subjects do you like?
あなたは何の教科が好きですか。

I like science and music.
わたしは理科と音楽が好きです。

✿「あなたは何の教科が好きですか」は、What subjects do you like? と言います。
✿答えるときは、I like 〜. を使って好きな教科を言います。

🔊 声に出して言ってみよう ☐に入る言葉を入れかえて言いましょう。

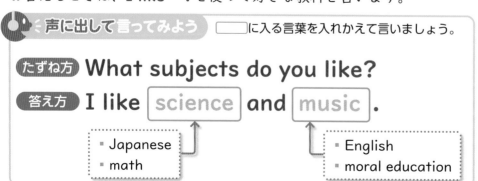

たずね方 What subjects do you like?
答え方 I like [science] and [music].
　　　　　　　　↑　　　　　　　　↑
　　　・Japanese　　　　　　・English
　　　・math　　　　　　　　・moral education

📝表現べんり帳
相手にも同じ内容をたず
ねるときは、How about
you?[ハゥ アバウト ユー]
(あなたはどうですか)
と言います。

ステップアップ 3つ以上のものをならべるときは、コンマ (,) を使って A, B, and C のように言います。コンマの前の言葉は上げるように読み、最後の言葉は下げるように読みます。 例 I like English,(↗) math,(↗) and music. (↘)

書いて練習のワーク

☆ 読みながらなぞって、もう1回書きましょう。

I like math and social studies.

わたしは算数と社会科が好きです。

I like P.E. and calligraphy.

わたしは体育と書写が好きです。

What subjects do you like?

あなたは何の教科が好きですか。

I like science and music.

わたしは理科と音楽が好きです。

I like Japanese and English.

わたしは国語と英語が好きです。

聞く
話す
読む
書く

英語のトビラ 電話などで自分の名前を名乗るときは、This is 〜.（わたしは〜です）と言うよ。
相手に質問をしたいときは、I have a question［クウェスチョン］.（わたしは質問があります）のように言うよ。

Unit 3

聞いて練習のワーク

教科書 36〜39 ページ　　答え 3 ページ

勉強した日　月　日

できた数　／8問中

1 音声を聞いて、絵の教科が好きならば○、ちがう教科が好きならば×を（　）に書きましょう。

♪ t05

(1)

（　　　　）

(2)

（　　　　）

(3)

（　　　　）

(4)

（　　　　）

2 音声を聞いて、それぞれの好きな教科を2つずつ下から選んで、（　）に記号を書きましょう。

♪ t06

	名　前	好きな教科
(1)	Saori	（　　　、　　　）
(2)	Ken	（　　　、　　　）
(3)	Satoru	（　　　、　　　）
(4)	Emi	（　　　、　　　）

ア 国語　　イ 算数　　ウ 理科　　　　エ 社会科　　オ 英語

カ 体育　　キ 音楽　　ク 図画工作　　ケ 家庭科　　コ 書写

38

まとめのテスト

What subjects do you like? ①

勉強した日 ▶ 月　日

得点

/50点

時間 **20** 分

教科書　36〜39 ページ　　答え　4 ページ

1 英語の意味を表す日本語を　　　から選んで、（　）に書きましょう。　　1つ5点〔20点〕

(1) English 　　　　　（　　　　　　　　　）

(2) social studies 　（　　　　　　　　　）

(3) arts and crafts 　（　　　　　　　　　）

(4) calligraphy 　　　（　　　　　　　　　）

> 図画工作　社会科　家庭科　英語　書写

2 日本語の意味になるように　　　から選んで、　　　に英語を書きましょう。　　1つ10点〔30点〕

(1) わたしは算数と音楽が好きです。

I like math ＿＿＿＿＿ music.

(2) あなたは何の教科が好きですか。

What ＿＿＿＿＿ do you like?

(3) [(2)に答えて]　わたしは体育と理科が好きです。

I like P.E. and ＿＿＿＿＿.

> color / science / and
> subjects / calligraphy

39

What subjects do you like? ② — 1

学習の目標・
曜日を表す言葉を英語で言えるようになりましょう。

🔊音声

教科書 40〜43 ページ

基本のワーク

曜日を表す言葉を覚えよう！

⭐ リズムに合わせて、声に出して言いましょう。　✓言えたらチェック □□□　♪a19

□ **Sunday**　　複 Sundays
日曜日

□ **Monday**　　複 Mondays
月曜日

□ **Tuesday**　　複 Tuesdays
火曜日

□ **Wednesday**　　複 Wednesdays
水曜日

□ **Thursday**　　複 Thursdays
木曜日

□ **Friday**　　複 Fridays
金曜日

□ **Saturday**　　複 Saturdays
土曜日

□ **day**　　複 days
日、1日
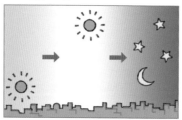

□ **week**　　複 weeks
週

ワードボックス　　♪a20

□ favorite　お気に入りの　　□ animal(s)　動物　　□ cooking　料理（をすること）

ことば解説

曜日を表す言葉は、文の中のどこであっても大文字で始めます。また、アメリカでは週の始まりを日曜日とすることが多いです。

複…複数形

書いて練習のワーク

⭐ 読みながらなぞって、1〜3回書きましょう。

Sunday

日曜日

Monday

月曜日

Tuesday

火曜日

Wednesday

水曜日

Thursday

木曜日

Friday

金曜日

Saturday

土曜日

day

日、1日

聞く
話す
読む
書く

week

週

英語の
トビラ
曜日はカレンダーなどで短く表されることがあるよ。Sunday → Sun. Monday → Mon. Tuesday → Tue.
Wednesday → Wed. Thursday → Thur. Friday → Fri. Saturday → Sat.

41

What subjects do you like? ② — 2

基本のワーク

① 何曜日に何の授業があるかの言い方

☑言えたらチェック ☐☐☐

I have English and P.E. on Wednesday.
わたしは水曜日に英語と体育があります。

❀何曜日に何の授業があるかは、I have〈教科〉on〈曜日〉.(わたしは〜曜日に・・・があります)と言います。

🔊 声に出して言ってみよう　☐に入る言葉を入れかえて言いましょう。

I have English and P.E. on [Wednesday].

・Monday　・Tuesday

➕ちょこっとプラス
「〜曜日に」は on のあとに曜日を表す言葉を置きます。on〈曜日〉はふつう、文の最後に置きます。

② 何曜日に何の授業があるかのたずね方

☑言えたらチェック ☐☐☐

What do you have on Thursday?
あなたは木曜日に何がありますか。

I have math, science, and music.
わたしは算数と理科と音楽があります。

❀「あなたは〜曜日に何(の授業)がありますか」は、What do you have on 〜? と言います。
❀答えるときは、I have 〜. を使って、その曜日にある教科を言います。

🔊 声に出して言ってみよう　☐に入る言葉を入れかえて言いましょう。

たずね方 What do you have on [Thursday]?

・arts and crafts, Japanese, and social studies　・Friday

答え方 I have [math, science, and music].

📝表現べんり帳
Wow! [ワゥ]は、「わあ」という意味です。おどろいたときなどに使います。

42

ステップアップ 「わたしは火曜日と金曜日に英語があります」のように言うときは、on のあとに曜日を and を使ってならべ、I have English on Tuesday and Friday. と言います。

書いて練習のワーク

☆ 読みながらなぞって、もう1回書きましょう。

I have English and P.E. on
Wednesday.

わたしは水曜日に英語と体育があります。

What do you have on Thursday?

あなたは木曜日に何がありますか。

What do you have on Friday?

あなたは金曜日に何がありますか。

I have math, science, and music.

🎧 聞く
🎤 話す
📖 読む
✏️ 書く

わたしは算数と理科と音楽があります。

 英語の とびら！ 「週末」は weekend［ウィークエンド］と言うよ。週末の前には、Have a nice weekend!（よい週末を！）など と言ってあいさつをするよ。

聞いて練習のワーク

できた数

／9問中

🔊音声

教科書 40〜43 ページ 　答え 4 ページ

1 音声を聞いて、絵の内容と合っていれば○、合っていなければ×を（　）に書きましょう。

(1)

（　　　　）

(2)

♪ t07

（　　　　）

(3)

木

（　　　　）

(4)

（　　　　）

2 音声を聞いて、それぞれの曜日にあると言っている教科を ⌐⌐⌐ から選んで、（　）に日本語で書きましょう。

♪ t08

	曜　日	教　　科
(1)	月曜日	体育、家庭科、（　　　　　　　　　　　）
(2)	火曜日	理科、（　　　　　　　　　）、図画工作
(3)	水曜日	（　　　　　　　　　）、書写、社会科
(4)	木曜日	国語、（　　　　　　　　　）、算数
(5)	金曜日	音楽、英語、（　　　　　　　　　）

⌐ ⌐ ⌐ ⌐ ⌐ ⌐ ⌐ ⌐ ⌐ ⌐ ⌐ ⌐ ⌐ ⌐ ⌐ ⌐
国語　算数　英語　理科　社会科
⌐ ⌐ ⌐ ⌐ ⌐ ⌐ ⌐ ⌐ ⌐ ⌐ ⌐ ⌐ ⌐ ⌐ ⌐ ⌐

What subjects do you like? ②

1 日本語の意味を表す英語を ┊┈┊ から選んで、▭ に書きましょう。　1つ6点〔30点〕

(1)　日曜日

(2)　土曜日

(3)　木曜日

(4)　月曜日

(5)　水曜日

Monday / Saturday / Wednesday / Thursday / Sunday

2 日本語の意味を表す英語の文を ┊┈┊ から選んで、▭ に書きましょう。　1つ10点〔20点〕

(1) あなたは火曜日に何がありますか。

(2) [(1)に答えて]　わたしは英語と音楽があります。

What do you have on Thursday?
What do you have on Tuesday?
I like English and music. / I have English and music.

45

世界の友達 1

プラスワーク

🔊音声

教科書　46〜47 ページ　　答え　5 ページ

1 リョウのノラさんへのインタビューを聞いて、次の質問に答えましょう。

♪ t09

(1) ノラさんの誕生日を選んで、（　）に記号を書きましょう。
　ア　9月10日
　イ　10月20日
　ウ　12月 1日

（　　　　　）

(2) ノラさんが好きな色を（　）に日本語で書きましょう。

（　　　　　）

(3) ノラさんが誕生日にほしいものを表す絵を選んで、（　）に記号を書きましょう。

　　ア　　　　　　　　イ　　　　　　　　ウ

（　　　　　）

2 アキのハネスさんへのインタビューを聞いて、次の質問に答えましょう。

(1) ハネスさんの名前のつづりを ▭ に書きましょう。

(2) ハネスさんが好きな教科を表す絵を選んで、（　）に記号を書きましょう。

ア　　　　　　　　　　イ　　　　　　　　　　ウ

（　　　　　）

(3) ハネスさんが好きなスポーツを表す絵を選んで、（　）に記号を書きましょう。

ア　　　　　　　　　　イ　　　　　　　　　　ウ

（　　　　　）

He can run fast.
She can do *kendama*. — 1

学習の目標・

動作を表す英語を言えるようになりましょう。

🔊音声

基本のワーク

教科書　50〜57ページ

動作を表す言葉を覚えよう！

⭐ リズムに合わせて、声に出して言いましょう。　　☑言えたらチェック ☐☐☐　♪a22

☐ **play baseball**

野球をする

☐ **play volleyball**

バレーボールをする

☐ **play soccer**

サッカーをする

☐ **play dodgeball**

ドッジボールをする

☐ **play badminton**

バドミントンをする

☐ **play tennis**

テニスをする

☐ **play the piano**

ピアノをひく

☐ **play the guitar**

ギターをひく

☐ **play the recorder**

リコーダーをふく

ワードボックス　♪a23

☐ play table tennis　卓球をする　　☐ play basketball　バスケットボールをする
☐ play the drums　ドラムを演奏する　　☐ play the violin　バイオリンをひく

ことば解説

play には「(スポーツ)をする」「(楽器)を演奏する」「遊ぶ」などの意味があります。「(楽器)を演奏する」と言うときは、楽器名の前に the を置きます。スポーツ名の前には the を置きません。

書いて練習のワーク

☆ 読みながらなぞって、もう1回書きましょう。

play baseball

野球をする

play volleyball

バレーボールをする

play soccer

サッカーをする

play dodgeball

ドッジボールをする

play badminton

バドミントンをする

play tennis

テニスをする

play the piano

ピアノをひく

play the guitar

ギターをひく

play the recorder

リコーダーをふく

聞く　話す　読む　書く

「サッカー」はアメリカでは soccer と言うけど、イギリスではふつう football［フトゥボール］と言うよ。アメリカで football と言うと、ふつうアメリカンフットボールのことだよ。

Unit 4

He can run fast.
She can do *kendama*. — 2

基本のワーク

学習の目標
できることやできない
ことについて英語で言
えるようになりましょう。

🔊音声

♪a24 教科書 50〜53ページ

❶ できること・できないことの言い方

✓言えたらチェック ☐☐☐

I can play the piano.
わたしはピアノをひくことができます。

❀「わたしは〜することができます」は、I can 〜. と言います。「〜」に動作を表す言葉を入れます。

❀「わたしは〜することができません」は、I can't 〜. と言います。

🔈声に出して言ってみよう ☐☐に入る言葉を入れかえて言いましょう。

I can play the piano .

・can't

・play the recorder ・play baseball
・play dodgeball

📞くらべよう

can を入れると「できる」
という意味になります。
・I play the piano.
　わたしはピアノをひきます。
・I can play the piano.
　わたしはピアノをひくこ
　とができます。

❷ できるかどうかのたずね方と答え方

✓言えたらチェック ☐☐☐

Can you play soccer?
あなたはサッカーをすることができますか。

Yes, I can.
はい、できます。

❀「あなたは〜することができますか」は、Can you 〜? と言います。

❀「はい、できます」は Yes, I can.、「いいえ、できません」は No, I can't. と言います。

🔈声に出して言ってみよう ☐☐に入る言葉を入れかえて言いましょう。

たずね方 Can you play soccer ?

・play volleyball ・play badminton ・play the guitar

答え方 Yes, I can. / No, I can't.

📝表現べんり帳

That's great. [ザッッ
グレイト] は「それはいい
ですね」という意味です。

ステップ
アップ Can you 〜? は「〜してくれますか」という意味にもなります。場面に応じて、どちらの意味かを考えましょう。

☆ 読みながらなぞって、もう１回書きましょう。

I can play the piano.

わたしはピアノをひくことができます。

I can't play dodgeball.

わたしはドッジボールをすることができません。

Can you play soccer?

あなたはサッカーをすることができますか。

Can you play the guitar?

あなたはギターをひくことができますか。

Yes, I can.

はい、できます。

No, I can't.

いいえ、できません。

聞く
話す
読む
書く

 Can you ～？は相手の能力について聞くことになるので、失礼に思われることもあるよ。Do you ～？を使って質問したほうがよい場合もあるよ。

51

勉強した日 ▶ 　　月　　日

He can run fast.
She can do *kendama*. — 3

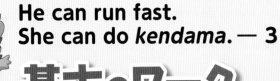
基本のワーク

学習の目標・
動作を表す英語を言え
るようになりましょう。

🔊音声

教科書 50〜57 ページ

動作を表す言葉を覚えよう！

⭐ リズムに合わせて、声に出して言いましょう。　言えたらチェック □□□　🎵a25

☐ **swim**

泳ぐ

☐ **cook**

料理をする

☐ **draw pictures**

絵をかく

☐ **run fast**

速く走る

☐ **do *kendama***

けん玉をする

☐ **sing well**

上手に歌う

☐ **ride a bicycle**

自転車に乗る

☐ **ride a unicycle**

一輪車に乗る

☐ **jump rope**

なわとびをする

ワードボックス　🎵a26

☐ **jump high**　高くジャンプする　　☐ **do judo**　柔道をする　　☐ **do *kendo***　剣道をする

ことば解説

well は「上手に」、very well は「とても上手に」という意味です。very は「とても」という意味で、あ
とにくる言葉を強調します。
例 very big（とても大きい）、very hot（とても暑い、とても熱い）

書いて練習のワーク

☆ 読みながらなぞって、1 〜 3 回書きましょう。

swim

泳ぐ

cook

料理をする

draw pictures

絵をかく

run fast

速く走る

do kendama

けん玉をする

sing well

上手に歌う

ride a bicycle

自転車に乗る

ride a unicycle

一輪車に乗る

jump rope

なわとびをする

聞く
話す
読む
書く

英語の
トビラ

draw はえんぴつやペンなどで絵をかくときに使い、文字を書くときは write [ライト] を使うよ。
picture は「絵」と「写真」の両方の意味があるよ。

Unit 4

He can run fast.
She can do *kendama*. — 4

基本のワーク

① 友達ができることの言い方

言えたらチェック ☐☐☐

He can run fast.
彼は速く走ることができます。

❀「彼は〜することができます」は、He can 〜. と言います。
❀「彼女は〜することができます」は、She can 〜. と言います。

声に出して言ってみよう　☐に入る言葉を入れかえて言いましょう。

He can run fast.

・She

・do *kendama*　・ride a bicycle
・draw pictures well

くらべよう
「〜することができません」は can't を、「〜しません」は don't［ドゥント］を使います。

② 友達ができないことの言い方

言えたらチェック ☐☐☐

She can't cook.
彼女は料理をすることができません。

❀「彼［彼女］は〜することができません」は、He［She］can't 〜. と言います。

声に出して言ってみよう　☐に入る言葉を入れかえて言いましょう。

She can't cook.

・He

・sing well　・ride a unicycle　・swim fast

表現べんり帳
Cool.［クール］（かっこいい）は感想を言うときなどに使います。「いいね」や「すごい」などの意味もあります。

ステップアップ　動作を表す言葉のあとに well（上手に）、fast（速く）などの言葉を置くと、動作をくわしく言うことができます。　例・cook well（上手に料理をする）　・swim fast（速く泳ぐ）

書いて練習のワーク

⭐ 読みながらなぞって、もう１回書きましょう。

He can run fast.

彼は速く走ることができます。

She can do kendama.

彼女はけん玉をすることができます。

He can draw pictures well.

彼は上手に絵をかくことができます。

She can't cook.

彼女は料理をすることができません。

He can't sing well.

聞く
話す
読む
書く

彼は上手に歌うことができません。

 英語のトビラ！ unicycle の uni は「１つの」という意味を表しているよ。bicycle（自転車＝ bike）の bi は「２つの」、tricycle ［トゥライスィクル］（三輪車）の tri は「３つの」という意味を表しているよ。

55

聞いて練習のワーク

できた数

／7問中

🔊音声

教科書　50〜57 ページ　　答え　6 ページ

① 音声を聞いて、絵のことができるときは○、できないときは△を（　）に書きましょう。

(1)

（　　　）

(2)

（　　　）

🎵 t11

(3)

（　　　）

(4)

（　　　）

② 音声を聞いて、それぞれができることとできないことを下から選んで、（　）に記号を書きましょう。

🎵 t12

	名　前	できること	できないこと
(1)	Yuki	（　　　）	上手に絵をかく
(2)	Ken	ピアノをひく	（　　　）
(3)	Emi	（　　　）	サッカーをする

ア　リコーダーをふく　　　イ　料理をする　　　ウ　上手に歌う

エ　自転車に乗る　　　　　オ　テニスをする　　　カ　速く走る

まとめのテスト

He can run fast.
She can do *kendama*.

得点

/50点

時間 **20** 分

教科書 50〜57 ページ 答え 6 ページ

1 日本語の意味になるように、（　）の中から正しいほうを選んで、◯で囲みましょう。

(1) わたしはバドミントンをすることができます。　　　　　　1つ5点〔20点〕

I (**can** / can't) play badminton.

(2) 彼女（かのじょ）はピアノをひくことができません。

(He / **She**) can't play the piano.

(3) あなたは一輪車に乗ることができますか。

(Do / **Can**) you ride a unicycle?

(4) 〔(3)に答えて〕 いいえ、できません。

No, I (can / **can't**).

2 右のメモを見て、タクになったつもりで質問（しつもん）に合う答えの文を ┊┄┄┊ から選んで、▭ に書きましょう。同じものを何度使ってもかまいません。　　　　　　1つ10点〔30点〕

(1) Can you play the recorder?

_____

(2) Can you cook?

_____

(3) Can you swim?

_____

タク
【できること】
・リコーダー
・水泳
【できないこと】
・ピアノ
・料理

Yes, I can. / No, I can't.

57

My hero is my brother. — 1

基本のワーク

学習の目標・

家族や身近な人を表す英語を言えるようになりましょう。

🔊音声

教科書 58〜61 ページ

家族や身近な人を表す言葉を覚えよう！

⭐ リズムに合わせて、声に出して言いましょう。　✔言えたらチェック □□□　♪a28

☐ **grandmother** 複 grandmothers
そぼ
祖母

☐ **grandfather** 複 grandfathers
そふ
祖父

☐ **mother** 複 mothers
母

☐ **father** 複 fathers
父

☐ **brother** 複 brothers
兄、弟

☐ **sister** 複 sisters
姉、妹

☐ **me**
わたしを(に)

☐ **friend** 複 friends
ともだち
友達

☐ **neighbor** 複 neighbors
りんじん
近所の人、隣人

ワードボックス　♪a29

☐ firefighter(s) しょうぼうし 消防士　☐ baker(s) パン焼き職人　☐ farmer(s) 農場主
☐ teacher(s) 先生　☐ high school student(s) 高校生

😀 発音コーチ

動作を表す言葉の最後に r や er を付けると、その動作をする人［もの］を表す言葉になるものがあります。
例　bake［ベイク］（焼く）＋ r → baker（パン焼き職人）　sing（歌う）＋ er → singer（歌手）

ふくすうけい
複…複数形

☆ 読みながらなぞって、1～3回書きましょう。

grandmother

祖母

grandfather

祖父

mother

母

father

父

brother

兄、弟

sister

姉、妹

me

わたしを（に）

friend

友達

neighbor

近所の人、隣人

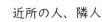

兄弟、姉妹が年上か年下かを表したい場合は、brother や sister の前に older［オウルダァ］（年上の）や younger［ヤンガァ］（年下の）という言葉を付けることもあるよ。　例 older brother（兄）/ younger sister（妹）

勉強した日 ▶ 　月　　日

My hero is my brother. —2

基本のワーク

学習の目標
身近な人について英語で紹介できるようになりましょう。

音声

♪ a30　教科書 58〜61ページ

① 人についてのたずね方と答え方
✓言えたらチェック □□□

Who is this?
こちらはだれですか。

She is Lily.
彼女はリリーです。

❋「こちらはだれですか」は、Who is this? と言います。

❋答えるときは、He[She] is 〜.（彼［彼女］は〜です）と言います。

🎧 声に出して 言ってみよう　□に入る言葉を入れかえて言いましょう。

たずね方 **Who is this?**

答え方 **She is Lily.**

・He　・Mr. Yamakawa　・Emily　・Takashi

➕ ちょこっとプラス
he（彼は）や she（彼女は）を使って、Who is he[she]?（彼［彼女］はだれですか）と言うこともできます。

② 身近な人を紹介するときの言い方
✓言えたらチェック □□□

She is my sister.
彼女はわたしの姉です。

❋身近な人を紹介するときも、He[She] is 〜.（彼［彼女］は〜です）と言います。

🎧 声に出して 言ってみよう　□に入る言葉を入れかえて言いましょう。

She is my sister.

・He　・teacher　・friend　・neighbor

📝 表現べんり帳
相手の言ったことについておどろいたときは、Really?［リーアリィ］（本当に？）などと言います。

ステップアップ 「あなたはだれですか」は Who are you? と言います。答えるときは、I'm 〜.（わたしは〜です）と言います。Who are you? は初対面の人に使うと失礼になることもあるので気をつけましょう。

書いて練習のワーク

☆ 読みながらなぞって、もう1回書きましょう。

Who is this?

こちらはだれですか。

She is Lily.

彼女はリリーです。

She is my sister.

彼女はわたしの姉 [妹] です。

Who is this?

こちらはだれですか。

He is Mr. Yamakawa.

彼は山川先生です。

He is my teacher.

彼はわたしの先生です。

 英語で「スズキ先生」とよぶとき、Teacher Suzuki や Suzuki Teacher とは言わないよ。男性には Mr.、女性には Ms. [ミズ] などを付けて、Mr. Suzuki や Ms. Suzuki と言うよ。

My hero is my brother. ― 3

基本のワーク

音声

学習の目標・
職業を表す英語を言えるようになりましょう。

教科書 62〜65 ページ

職業を表す言葉を覚えよう！

⭐ リズムに合わせて、声に出して言いましょう。　☑言えたらチェック □□□　♪ a31

☐ **tennis player**
複 tennis players
テニス選手

☐ **soccer player**
複 soccer players
サッカー選手

☐ **vet**　複 vets
獣医

☐ **doctor**　複 doctors
医者

☐ **nurse**　複 nurses
看護師

☐ **dentist**　複 dentists
歯医者、歯科医師

☐ **actor**　複 actors
俳優、役者

☐ **singer**　複 singers
歌手

☐ **artist**　複 artists
芸術家

☐ **astronaut**
複 astronauts
宇宙飛行士

☐ **zookeeper**
複 zookeepers
動物園の飼育員

☐ **comedian**
複 comedians
お笑い芸人

複…複数形

　英語カード 84 〜 98

書いて練習のワーク

⭐ 読みながらなぞって、1～3回書きましょう。

tennis player

テニス選手

soccer player

サッカー選手

vet	doctor

| 獣医 | 医者 |

nurse

看護師

dentist

歯医者、歯科医師

actor	singer

| 俳優、役者 | 歌手 |

artist

芸術家

astronaut

宇宙飛行士

zookeeper

動物園の飼育員

comedian

お笑い芸人

聞く
話す
読む
書く

 英語の トピラ doctor は広い意味での「医者」のことだよ。専門ごとに次の言い方があるよ。「外科医」は surgeon［サーヂョン］、「内科医」は physician［フィズィシャン］と言うよ。

勉強した日 ▶ 　月　　日

🔊音声

My hero is my brother. ― 4

基本のワーク

教科書 62〜65ページ

性格や人がらを表す言葉を覚えよう！

⭐ リズムに合わせて、声に出して言いましょう。　✓言えたらチェック ☐☐☐　♪ a32

☐ **kind**

親切な

☐ **active**

活動的な

☐ **smart**

利口な

☐ **friendly**

友好的な

☐ **brave**

ゆうかん
勇敢な

☐ **cool**

かっこいい

☐ **famous**

有名な

☐ **strong**

強い

☐ **cheerful**

明るい、元気のいい

☐ **funny**

おかしい

☐ **shy**

内気な

日本語になっている英語もあるね！

書いて練習のワーク

⭐ 読みながらなぞって、1〜3回書きましょう。

kind

親切な

active

活動的な

smart

利口な

friendly

友好的な

brave　　　　　　cool

勇敢な　　　　　　　　　　　　かっこいい

famous

有名な

strong

強い

cheerful

明るい、元気のいい

funny　　　　　　shy

おかしい　　　　　　　　　　　　内気な

 聞く
話す
 読む
書く

 cheer [チア] は「応援」「応援する」という意味だよ。アメリカンフットボールなどスポーツの試合で応援をする cheerleader [チアリーダァ]（チアリーダー）の cheer だね。

65

Unit 5

My hero is my brother. — 5

基本のワーク

学習の目標
人の職業や性格などについて英語で言えるようになりましょう。

♪a33　教科書 62〜65ページ

① 人を紹介するときの言い方

☑言えたらチェック ☐☐☐

This is Kawai Ryo.
こちらは河合 涼です。

✿「こちらは〜です」は、This is 〜. と言います。

🎧 声に出して言ってみよう　☐に入る言葉を入れかえて言いましょう。

This is Kawai Ryo .

・Ito Hina　・Ms. Smith

💻 くらべよう

This is 〜. は「こちらは〜です」と近くにいる人を紹介するときに使います。はなれた場所にいる人を紹介するときは That is 〜.「あちらは〜です」を使います。

② 人の職業や性格などの言い方

☑言えたらチェック ☐☐☐

He is a soccer player.　He is cool.
彼はサッカー選手です。　彼はかっこいいです。

✿人の職業や性格などを言うときは、He[She] is 〜.（彼[彼女]は〜です）のように言います。

🎧 声に出して言ってみよう　☐に入る言葉を入れかえて言いましょう。

He is a soccer player .
　↑She　　・a singer　・a comedian　・an artist

He is cool .　・famous　・funny　・smart

💡 思い出そう

ものや人を表す言葉が日本語のア・イ・ウ・エ・オに似た音で始まるときは、「1つ[1人]の〜」は a ではなく an を使います。

ステップアップ　「〜（することが）できる」という意味の can を使って、He[She] can 〜.（彼[彼女]は〜することができます）と紹介することもできます。

書いて練習のワーク

☆ 読みながらなぞって、もう1回書きましょう。

This is Kawai Ryo.

こちらは河合 涼です。

He is a soccer player.

彼はサッカー選手です。

He is cool.

彼はかっこいいです。

This is Ito Hina.

こちらは伊藤 陽菜です。

She is a singer.

彼女は歌手です。

She is famous.

彼女は有名です。

勉強した日　月　日

聞く 話す 読む 書く

 He is cool and strong.（彼はかっこよくて強いです）というように、and を使って性格や人がらなどをならべて言うこともできるよ。

Unit 5

聞いて練習のワーク

教科書 58〜65ページ　答え 7ページ

1 音声を聞いて、絵の内容と合っていれば○、合っていなければ×を（ ）に書きましょう。

(1)
（　　　　）

(2) ♪ t13
（　　　　）

(3)
（　　　　）

(4)
（　　　　）

2 音声を聞いて、それぞれの職業と性格などを下から選んで、（ ）に記号を書きましょう。

♪ t14

	名　前	職　業	性格など
(1)	Jim	サッカー選手	（　　　）
(2)	Hanna	（　　　）	友好的
(3)	Emily	先生	（　　　）
(4)	Chris	（　　　）	有名

ア 看護師　　イ 歌手　　ウ 獣医　　エ テニス選手

オ 強い　　カ 活動的　　キ 親切　　ク かっこいい

My hero is my brother.

勉強した日 〉 月 日

得点 /50点

教科書 58〜65 ページ　答え 7 ページ

時間 20分

1 日本語の意味を表す英語を ⌞⁚⁚⌟ から選んで、═ に書きましょう。

1つ7点〔35点〕

(1) 母

(2) 兄、弟

(3) 祖父（そふ）

(4) 宇宙飛行士（うちゅうひこうし）

(5) 動物園の飼育員（しいくいん）

neighbor / brother / zookeeper / dentist
mother / astronaut / grandfather

2 日本語の意味になるように、（ ）の中から正しいほうを選んで、◯◯で囲（かこ）みましょう。

(1) 彼（かれ）は俳優（はいゆう）です。

1つ5点〔15点〕

He is (a / an) actor.

(2) 彼女（かのじょ）は内気です。

She is (shy / funny).

(3) 彼は強いです。

He is (strong / famous).

聞く
話す
読む
書く

Unit 6

Where is the library? — 1

基本のワーク

身の回りのものを表す言葉を覚えよう！

リズムに合わせて、声に出して言いましょう。　　✓言えたらチェック □□□　♪a34

☐ **watch** 複watches
うでどけい
腕時計

☐ **clock** 複clocks
時計

☐ **box** 複boxes
箱

☐ **chair** 複chairs
いす

☐ **bench** 複benches
ベンチ

☐ **sofa** 複sofas
ソファー

☐ **bag** 複bags
バッグ

☐ **cup** 複cups
カップ

☐ **desk** 複desks
つくえ

ワードボックス
♪a35

☐ soccer ball(s)　サッカーボール　　☐ table(s)　テーブル　　☐ computer(s)　コンピュータ
☐ in　〜の中に　　☐ on　〜の上に　　☐ under　〜の下に　　☐ by　〜のそばに

ことば解説

clock は置き時計や柱時計などのように身に付けない時計をさします。腕時計のように身に付けて持ち運ぶことができる時計は watch と言います。

複…複数形

書いて練習のワーク

☆ 読みながらなぞって、1 〜 3回書きましょう。

watch

腕時計

clock

時計

box

箱

chair

いす

bench

ベンチ

sofa

ソファー

bag

バッグ

cup

カップ

desk

つくえ

 小学生が通学かばんとしてよく使う「ランドセル」は日本独特のものだよ。イギリスでは「サッチェル」(satchel) という通学かばんをよく使い、アメリカでは特に決まったかばんはなく、何も持たないで通学する小学生もいるよ。

Unit 6

Where is the library? — 2

基本のワーク

学習の目標・
ものがある場所について英語で言えるようになりましょう。

♪a36　教科書 68〜71 ページ

① ものがどこにあるかのたずね方

✓言えたらチェック □□□

Where is the cup?
カップはどこにありますか。

✿「〜はどこにありますか」は、**Where is 〜?** と言います。

声に出して言ってみよう　□に入る言葉を入れかえて言いましょう。

たずね方 **Where is the [cup] ?**
・clock ・bag ・watch

📖 表現べんり帳
Sorry? [サリィ] は「何と言ったのですか」という意味です。相手の言ったことを聞き返すときなどに使います。

② ものがどこにあるかの答え方

✓言えたらチェック □□□

It's on the table.
それはテーブルの上にあります。

✿場所を答えるときには、ものの名前の前に **on**（〜の上に）、**in**（〜の中に）、**under**（〜の下に）、**by**（〜のそばに）のような場所を表す言葉を置きます。

声に出して言ってみよう　□に入る言葉を入れかえて言いましょう。

答え方 **It's [on] the [table] .**
・in ・under ・by　　・box ・sofa ・bench

➕ ちょこっとプラス
on は「表面に接している」ということを表します。
例 **It's on the wall.**
それはかべにかかっています［はってあります］。

ステップアップ　さがしているものが２つ以上のときは、is の代わりに are を使います。
例 Where <u>are</u> my pencils?（わたしのえんぴつはどこにありますか）

書いて練習のワーク

☆ 読みながらなぞって、もう1回書きましょう。

Where is the cup?

カップはどこにありますか。

It's on the table.

それはテーブルの上にあります。

Where is the bag?

バッグはどこにありますか。

It's in the box.

それは箱の中にあります。

It's under the sofa.

それはソファーの下にあります。

聞く
話す
読む
書く

 by は「〜のそばに」という意味の他に、「〜によって」「〜までに」といった意味があるよ。

73

Where is the library? — 3

基本のワーク

学習の目標・
店やしせつを表す英語を言えるようになりましょう。

 音声

教科書 68〜69、72〜75 ページ

店やしせつを表す言葉を覚えよう！

⭐ リズムに合わせて、声に出して言いましょう。　✓言えたらチェック □□□　♪ a37

☐ **library** 複libraries
図書館、図書室

☐ **post office** 複post offices
ゆうびんきょく
郵便局

☐ **hospital** 複hospitals
病院
○○病院

☐ **temple** 複temples
寺

☐ **station** 複stations
駅
○○駅

☐ **gym** 複gyms
体育館

☐ **zoo** 複zoos
動物園

☐ **park** 複parks
公園

☐ **school** 複schools
学校

ワードボックス
♪ a38

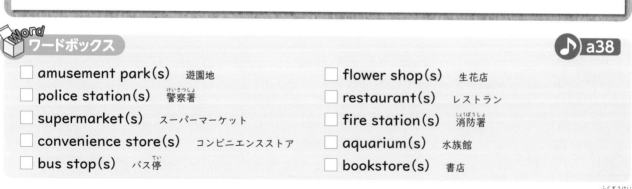

☐ amusement park(s)　遊園地
☐ police station(s)　けいさつしょ 警察署
☐ supermarket(s)　スーパーマーケット
☐ convenience store(s)　コンビニエンスストア
☐ bus stop(s)　バスてい バス停

☐ flower shop(s)　生花店
☐ restaurant(s)　レストラン
☐ fire station(s)　しょうぼうしょ 消防署
☐ aquarium(s)　水族館
☐ bookstore(s)　書店

複…ふくすうけい 複数形

書いて練習のワーク

⭐ 読みながらなぞって、1 ～ 3 回書きましょう。

library

図書館、図書室

post office

郵便局

hospital

病院

temple

寺

station

駅

gym

体育館

zoo

動物園

park

公園

school

学校

聞く
話す
読む
書く

 store と shop はどちらも「店」という意味を表すよ。アメリカではふつう store を使い、小さな専門店を shop と言うよ。イギリスでは shop がよく使われ、大きな店を store と言うよ。

Unit 6

Where is the library? — 4

基本のワーク

勉強した日 ▶ 　月　日

学習の目標
英語で道をたずねたり、道案内したりできるようになりましょう。

🔊 音声

♪ a39　教科書 72〜75 ページ

---

❶ 道のたずね方

✓ 言えたらチェック ☐☐☐

Excuse me.　Where is the gym?
すみません。　体育館はどこにありますか。

❈ 道をたずねるときは、Where is 〜? (〜はどこにありますか) と言います。

🎧 声に出して 言ってみよう　☐に入る言葉を入れかえて言いましょう。

たずね方 **Excuse me.　Where is the** ☐gym☐ **?**
　　　　　　　・ hospital　・ library

📖 表現べんり帳
Excuse me. (すみません) は、知らない人に話しかけるときなどに使います。

---

❷ 道案内のし方

✓ 言えたらチェック ☐☐☐

Go straight for one block.
Turn left at the corner.
You can see it on your right.
1 区画まっすぐ進んでください。　その角を左に曲がってください。
それはあなたの右側に見えます。

❈「〜区画まっすぐ進んでください」は Go straight for 〜 block(s). と言います。
❈「その角を右 [左] に曲がってください」は Turn right[left] at the corner. と言います。
❈「それはあなたの右側 [左側] に見えます」は You can see it on your right[left]. と言います。

🎧 声に出して 言ってみよう　☐に入る言葉を入れかえて言いましょう。

答え方 **Go straight for** ☐one block☐ **.**
　　　　　　　　　　　　　　　・ two blocks
　　　　　　　　　　　　　　　・ three blocks
Turn ☐left☐ **at the corner.**
　　　　・ right　・ left
You can see it on your ☐right☐ **.**

📖 表現べんり帳
You're welcome. は「どういたしまして」という意味です。お礼を言われたときの返事として使います。

ステップアップ 「〜番目の角を右 [左] に曲がってください」は Turn right[left] at the 〜 corner. と言います。「〜」には first (1 番目の)、second (2 番目の)、third (3 番目の) のような順序を表す数の言い方が入ります。

76

書いて練習のワーク

☆ 読みながらなぞって、もう1回書きましょう。

Excuse me. Where is the gym?

すみません。体育館はどこにありますか。

Where is the hospital?

病院はどこにありますか。

Go straight for one block.

1区画まっすぐ進んでください。

Turn left at the corner.

その角を左に曲がってください。

You can see it on your right.

それはあなたの右側に見えます。

聞く
話す
読む
書く

交通に関する言葉には、「信号機」traffic light [トゥラフィク ライト]、「交差点」intersection [インタセクション]、「横断歩道」crosswalk [クロースウォーク] などがあるよ。

聞いて練習のワーク

勉強した日 ▶ 　月　　日

できた数

/8問中

🔊音声

教科書　68〜75 ページ　　答え　8 ページ

1 音声を聞いて、英語に合う絵を下から選んで、（　　）に記号を書きましょう。　♪ t15

(1) （　　　　）　　(2) （　　　　）　　(3) （　　　　）　　(4) （　　　　）

ア　　　　　　　　　　　　　　　イ

ウ　　　　　　　　　　　　　　　エ

2 音声を聞いて、下の地図で(1)〜(4)の場所や建物がどこにあるかを選んで、（　　）に記号を書きましょう。★が今いるところです。　♪ t16

(1)　学校　　　　（　　　　）　　(2)　レストラン　（　　　　）
(3)　郵便局　　　（　　　　）　　(4)　公園　　　　（　　　　）
ゆうびんきょく

まとめのテスト

Where is the library?

得点
/50点

時間 20分

教科書 68〜75ページ　答え 8ページ

1 日本語の意味になるように　　　から選んで、　　　に英語を書きましょう。文の最初にくる言葉は大文字で書き始めましょう。
1つ10点〔30点〕

(1) バス停はどこにありますか。

_____ is the bus stop?

(2) 1区画まっすぐ進んでください。

_____ for one block.

(3) その角を左に曲がってください。

_____ at the corner.

what / turn right / where
turn left / go straight

2 絵の内容に合うように、質問に合う答えの文を　　　から選んで、　　　に書きましょう。
1つ10点〔20点〕

(1) Where is the computer?

_____

(2) Where is the soccer ball?

_____

It's in the box. / It's by the chair. / It's on the desk.

世界の友達 2

プラスワーク

教科書 76〜77 ページ　　答え 9 ページ

1 ユートンさんからのビデオレターを聞いて、次の質問に答えましょう。

♪ t17

(1) ユートンさんがいる国を（　）に日本語で書きましょう。

（　　　　　　　）

(2) ユートンさんが上手にできることを 2 つ選んで、（　）に記号を書きましょう。
　ア　絵をかくこと
　イ　カレーライスを作ること
　ウ　泳ぐこと
　エ　歌うこと

（　　　、　　　）

(3) ユートンさんの父親が演奏できる楽器を表す絵を選んで、（　）に記号を書きましょう。

ア　　　　　　　　　　イ　　　　　　　　　　ウ

（　　　　）

② ウィリアムさんからのビデオレターを聞いて、次の質問に答えましょう。

ウィリアムさんのあこがれの人の職業_{しょくぎょう}と性格_{せいかく}を ┊┄┄┄┊ から選んで、（　）に書きましょう。

	あこがれの人	職業	性格
(1)	姉	農場主	（　　　　　）
(2)	兄	（　　　　　）	親切

┌─────────────────────────────────┐
活動的　　勇敢_{ゆうかん}　　内気　　医者　　看護師_{かんごし}
└─────────────────────────────────┘

(3) ウィリアムさんのお兄さんのできることを選んで、（　）に記号を書きましょう。
　　ア　野球をすること
　　イ　料理をすること
　　ウ　人々を助けること

（　　　　　）

What would you like? ① ― 1

基本のワーク

学習の目標・
食べ物・飲み物を表す
英語を言えるようにな
りましょう。

音声

教科書 80〜83ページ

食べ物・飲み物を表す言葉を覚えよう！

⭐ リズムに合わせて、声に出して言いましょう。　✓言えたらチェック □□□　♪a40

☐ **hamburger**
　　　　　複hamburgers
ハンバーガー

☐ **sandwich**
　　　　複sandwiches
サンドイッチ

☐ **spaghetti**
スパゲッティ

☐ **fried chicken**
フライドチキン
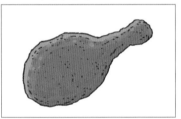

☐ **curry and rice**
カレーライス

☐ **salad**　　複salads
サラダ

☐ **milk**
牛乳（ぎゅうにゅう）

☐ **orange juice**
オレンジジュース

☐ **soda**
ソーダ

ワードボックス　♪a41

☐ French fries　フライドポテト
☐ grilled fish　焼き魚
☐ water　水
☐ cake(s)　ケーキ
☐ yogurt　ヨーグルト

☐ steak　ステーキ
☐ omelet(s)　オムレツ
☐ green tea　緑茶
☐ ice cream　アイスクリーム
☐ yen　円

☐ soup　スープ
☐ coffee　コーヒー
☐ tea　紅茶（こうちゃ）、茶
☐ pudding　プリン
☐ dollar(s)　ドル

複…複数形（ふくすうけい）

書いて練習のワーク

☆ 読みながらなぞって、1〜3回書きましょう。

hamburger

ハンバーガー

sandwich

サンドイッチ

spaghetti

スパゲッティ

fried chicken

フライドチキン

curry and rice

カレーライス

salad

サラダ

milk

牛乳

orange juice

オレンジジュース

soda

ソーダ

 日本食は海外にも広まってきていて、すし (sushi)、すき焼き (sukiyaki)、てんぷら (tempura)、ラーメン (ramen)、とうふ (tofu)、やきとり (yakitori) などはそのまま英語になっているよ。

聞く
話す
読む
書く

83

What would you like? ① — 2

基本のワーク

学習の目標・
料理の注文を英語で言
えるようになりましょ
う。

🔊音声

♪a42 | 教科書 80〜83 ページ

① 注文の受け方

✓言えたらチェック □□□

What would you like?
何になさいますか。

✿注文を受けるときは、What would you like?（何になさいますか）と言います。

🎧 声に出して 言ってみよう　次の英語を言いましょう。

たずね方 **What would you like?**

➕ちょこっとプラス
would like は want
（ほしい）のていねいな
言い方です。

② 注文のし方

✓言えたらチェック □□□

I'd like fried chicken and a salad.
フライドチキンとサラダがほしいです。

✿料理を注文するときは、I'd like 〜.（〜がほしいです）と言います。I'd は I would を短くし
た言い方です。

⏻ 声に出して 言ってみよう　□□に入る言葉を入れかえて言いましょう。

答え方 **I'd like** fried chicken and a salad **.**

↑
• a sandwich and French fries
• a hamburger and orange juice

📝表現べんり帳
注文のときに使われる表現
・Here you are.
　はい、どうぞ。
・Sure. [シュア]
　かしこまりました。
・How about 〜?
　〜はいかがですか。

84

ステップ
アップ
May I help you? [メイ アイ ヘルプ ユー]（何かご用でしょうか）は、店員が客に話しかけるときによく使う表現
です。Yes, please.（はい、お願いします）や No, thank you.（いいえ、結構です）のように答えます。

書いて練習のワーク

☆ 読みながらなぞって、もう1回書きましょう。

What would you like?

何になさいますか。

I'd like fried chicken and
a salad.

フライドチキンとサラダがほしいです。

What would you like?

何になさいますか。

I'd like a sandwich and
French fries.

サンドイッチとフライドポテトがほしいです。

 French fries の French は「フランスの」という意味で、いつでも最初の文字は大文字にするよ。

What would you like? ① — 3

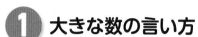

学習の目標・
ねだんを英語でたずね
たり言ったりできるよ
うになりましょう。

音声

♪ a43　教科書 84〜87 ページ

❶ 大きな数の言い方

✓言えたらチェック ☐☐☐

One hundred yen.
100 円。

One hundred and fifty yen.
150 円。

✿ 100 や 150 のような 3 けたの数を言うときは、hundred（百）を使います。

🎧 声に出して 言ってみよう　☐に入る言葉を入れかえて言いましょう。

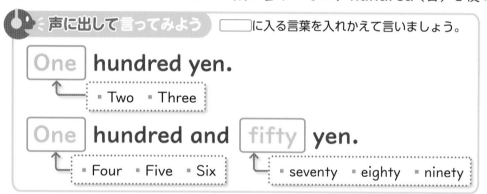

One hundred yen.
・Two　・Three

One hundred and fifty yen.
・Four　・Five　・Six
・seventy　・eighty　・ninety

➕ ちょこっとプラス

150 は one hundred fifty のように、and を入れずに言うこともあります。

❷ ねだんのたずね方と答え方

✓言えたらチェック ☐☐☐

How much is it?
いくらですか。

It's 5 dollars.
5 ドルです。

✿「いくらですか」は、How much is it? と言います。
✿答えるときは、It's 〜 dollar(s).（〜ドルです）や It's 〜 yen.（〜円です）などと言います。

🎧 声に出して 言ってみよう　☐に入る言葉を入れかえて言いましょう。

たずね方 How much is it?
答え方 It's 5 dollars.
・yen
・300　・13　・450

➕ ちょこっとプラス

dollar（ドル）はアメリカ
などで使われるお金の単
位です。2 ドル以上のと
きは最後に s を付けます。
例・one dollar（1 ドル）
　・two dollars（2 ドル）

ステップ
アップ　how は「どのくらい」と程度を表す意味があります。
例・how many（いくつの）・how long［ローング］（どのくらいの長さ）・how old［オウルド］（何さい）

書いて練習のワーク

☆ 読みながらなぞって、もう1回書きましょう。

One hundred yen.

100 円。

One hundred and fifty yen.

150 円。

Five hundred and eighty yen.

580 円。

How much is it?

いくらですか。

It's 5 dollars.

5 ドルです。

It's 300 yen.

300 円です。

勉強した日 月 日

聞く 話す 読む 書く

 Let's see. は「ええと…」という意味で、答えに迷ったときなどに使うよ。

聞いて練習のワーク

教科書 80〜87 ページ 　答え 10 ページ

1 音声を聞いて、それぞれが注文したものを線で結びましょう。　♪ t19

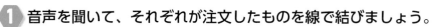

(1)

・

・

(2)

・

・

(3)

・

・

(4)

・

・

2 音声を聞いて、絵の内容（ないよう）と合っていれば○、合っていなければ×を（　）に書きましょう。

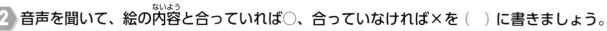

(1)

250 円

（　　　）

(2)

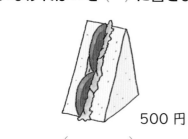

500 円

♪ t20

（　　　）

(3)

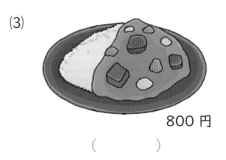

800 円

（　　　）

(4)

350 円

（　　　）

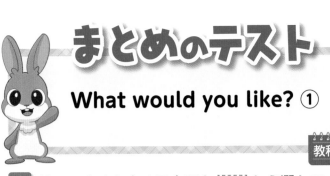

まとめのテスト

What would you like? ①

得点　　　/50点

時間 20分

教科書 80〜87 ページ　　答え 10 ページ

1 英語の意味を表す日本語を [____] から選んで、（　）に書きましょう。　1つ6点〔30点〕

(1) fried chicken　（　　　　　　　）

(2) curry and rice　（　　　　　　　）

(3) French fries　（　　　　　　　）

(4) sandwich　（　　　　　　　）

(5) spaghetti　（　　　　　　　）

> フライドポテト　サンドイッチ　オムレツ
> スパゲッティ　フライドチキン　カレーライス

2 日本語の意味になるように [____] から選んで、[____] に英語を書きましょう。文の最初にくる言葉は大文字で書き始めましょう。　1つ5点〔20点〕

(1) 何になさいますか。

What [＿＿＿＿＿] you like?

(2) [(1)に答えて]　ステーキがほしいです。

I'd [＿＿＿＿＿] steak.

(3) いくらですか。

[＿＿＿＿＿] much is it?

(4) [(3)に答えて]　10ドルです。

It's 10 [＿＿＿＿＿].

> like
> yen
> how
> would
> dollars

聞く　話す　読む　書く

What would you like? ② ― 1

基本のワーク

さまざまな食材を表す言葉を覚えよう！

⭐ リズムに合わせて、声に出して言いましょう。　　言えたらチェック ☐☐☐☐　♪ a44

☐ pork
ぶた肉

☐ chicken
とり肉

☐ beef
牛肉

☐ egg　　複 eggs
たまご

☐ cheese
チーズ

☐ salmon
サケ

☐ rice
ご飯、米

☐ bread
パン

☐ noodles
めん類、ヌードル

ワードボックス　♪ a45

☐ strawberry(strawberries)　イチゴ	☐ banana(s)　バナナ	☐ apple(s)　リンゴ
☐ peach(es)　モモ	☐ orange(s)　オレンジ	☐ potato(es)　ジャガイモ
☐ onion(s)　タマネギ	☐ tomato(es)　トマト	☐ corn　トウモロコシ
☐ cucumber(s)　キュウリ	☐ delicious　とてもおいしい	☐ sour　すっぱい
☐ spicy　からい、ぴりっとした	☐ sweet　あまい	☐ salty　塩からい

複…複数形

書いて練習のワーク

⭐ 読みながらなぞって、1～3回書きましょう。

pork

ぶた肉

chicken

とり肉

beef

牛肉

egg

たまご

cheese

チーズ

salmon

サケ

rice

ご飯、米

bread

パン

noodles

めん類、ヌードル

 rice（ご飯、米）はアメリカでは主食ではなくて、料理の付け合わせとして使われることも多いよ。米を主食としている国は、日本以外には韓国や東南アジアの国々などがあるよ。

勉強した日 ▶　月　日

🔊音声

What would you like? ② ― 2

基本のワーク

♪a46　教科書 84〜87 ページ

❶ 料理の名前の言い方

✓言えたらチェック □□□

This is salmon onion *don*.
これはサケとタマネギ丼です。

✽料理を紹介するときは、This is 〜. （これは〜です）と言います。

✽「〜」に料理の名前を入れます。

🔊 声に出して言ってみよう 　□に入る言葉を入れかえて言いましょう。

This is salmon onion *don* **.**

・beef tomato pizza　・salad noodles

➕ちょこっとプラス

This is 〜. は人を紹介するときにも使います。
例 This is Aya.
こちらはアヤです。

❷ 料理の味やねだんの言い方

✓言えたらチェック □□□

It's salty.
塩からいです。

It's 500 yen.
500円です。

✽料理の味などは、It's 〜. と説明します。「〜」には、味や食感などを表す言葉を入れます。

✽ねだんを言うときは、It's 〜 yen. （〜円です）などと言います。

🔊 声に出して言ってみよう 　□に入る言葉を入れかえて言いましょう。

It's salty **.**

・delicious　・sweet

It's 500 **yen.**

・650　・210

📝表現べんり帳

100はhundred、1,000はthousandと言います。
850：eight hundred and fifty
1,300：one thousand and three hundred

ステップアップ　合計金額は、「〜を足して」という意味の plus ［プラス］を使って、570 yen plus 240 yen is 810 yen. と言うこともできます。

書いて練習のワーク

勉強した日　月　日

☆ 読みながらなぞって、もう1回書きましょう。

This is salmon onion don.

これはサケとタマネギ丼です。

This is beef tomato pizza.

これは牛肉とトマトのピザです。

It's salty.

塩からいです。

It's delicious.

とてもおいしいです。

It's 500 yen.

500円です。

It's 650 yen.

650円です。

 yen（円、¥）は日本のお金の単位だね。アメリカ・カナダ・オーストラリアなどのお金の単位は dollar ［ダラァ］（ドル、$）、イギリスは pound ［パゥンド］（ポンド、£）だよ。

聞く
話す
読む
書く

英語の
とびら！

聞いて練習のワーク

教科書 84〜87 ページ　答え 11 ページ

1 音声を聞いて、絵の内容と合っていれば○、合っていなければ×を（　）に書きましょう。

(1)

（　　　　）

(2)

♪ t21

（　　　　）

(3)

（　　　　）

(4)

（　　　　）

2 音声を聞いて、それぞれのオリジナル料理についての説明を┌┈┐から選んで、（　）に日本語で書きましょう。

♪ t22

	料理	味	ねだん
(1)	サケとタマネギ丼	（　　　　　）	650 円
(2)	バナナとリンゴのケーキ	（　　　　　）	（　　　　　）
(3)	カレーヌードル	（　　　　　）	（　　　　　）

┌┈┈┈┈┈┈┈┈┈┈┈┈┈┈┈┈┈┈┈┈┈┈┈┈┈┈┈┈┈┈┐
　400 円　あまい　210 円　とてもおいしい　塩からい
└┈┈┈┈┈┈┈┈┈┈┈┈┈┈┈┈┈┈┈┈┈┈┈┈┈┈┈┈┈┈┘

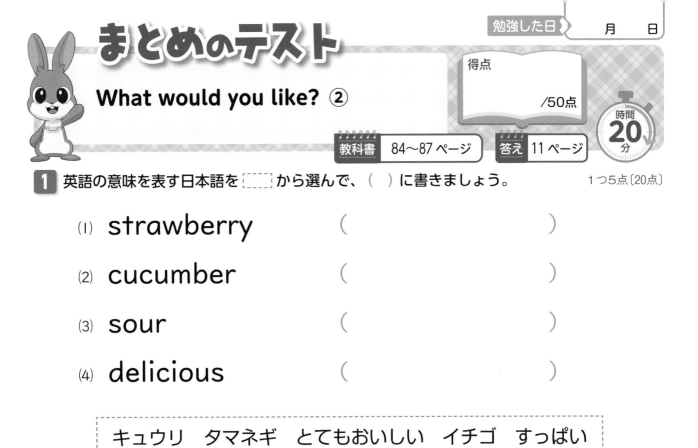

まとめのテスト

What would you like? ②

勉強した日　　月　　日

得点　　　/50点

教科書 84〜87 ページ　答え 11 ページ

時間 20分

1 英語の意味を表す日本語を ____ から選んで、（　）に書きましょう。　　1つ5点〔20点〕

(1) strawberry　　　（　　　　　　　　　）

(2) cucumber　　　（　　　　　　　　　）

(3) sour　　　　　（　　　　　　　　　）

(4) delicious　　　（　　　　　　　　　）

> キュウリ　タマネギ　とてもおいしい　イチゴ　すっぱい

2 日本語の意味になるように ____ から選んで、____ に英語を書きましょう。文の最初にくる言葉は大文字で書き始めましょう。　　1つ10点〔30点〕

(1) これはとり肉とオレンジのサラダです。

 is a chicken

orange salad.

(2) からいです。

It's  .

(3) 700 円です。

It's 700 _____ .

> yen
> spicy
> this
> sweet

95

学習の目標・
しせつや場所を表す英語を言えるようになりましょう。

音声

This is my town. — 1

基本のワーク

教科書　90〜93 ページ

しせつや場所を表す言葉を覚えよう！

☆ リズムに合わせて、声に出して言いましょう。　　☑言えたらチェック ☐☐☐　♪a47

☐ **town**　⊕towns

町

☐ **museum**　⊕museums

博物館、美術館

☐ **temple**　⊕temples

寺

☐ **hospital**　⊕hospitals

病院

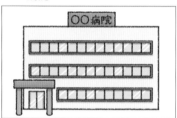

☐ **bookstore**　⊕bookstores

書店

☐ **zoo**　⊕zoos

動物園

☐ **restaurant**　⊕restaurants

レストラン

☐ **park**　⊕parks

公園

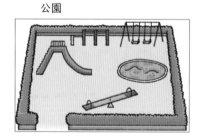

☐ **amusement park**　⊕amusement parks

遊園地

ワードボックス

♪a48

☐ stadium(s)　スタジアム　　☐ aquarium(s)　水族館　　☐ sea　海　　☐ mountain(s)　山

☐ river(s)　川　　☐ castle(s)　城　　☐ gym(s)　体育館　　☐ library(libraries)　図書館、図書室

発音コーチ

park の ar は口を大きく開けて「アー」と言いながら、舌の先を少し上に丸めて発音します。日本語の「パーク」とはちがう発音なので、音声をよく聞いて、まねて言いましょう。

⊕…複数形

書いて練習のワーク

⭐ 読みながらなぞって、1〜3回書きましょう。

town

町

museum

博物館、美術館

temple

寺

hospital

病院

bookstore

書店

zoo

動物園

restaurant

レストラン

park

公園

amusement park

遊園地

 town はそれほど大きくない「町」をさすよ。「町」よりも大きな「市」「都市」のことは city [スィティ] と言うよ。

Unit 8

This is my town. — 2

基本のワーク

勉強した日 ▶ 月 日

町にあるものやないものを英語で言えるようになりましょう。

♪a49　教科書 90～93 ページ

① 町にあるものの言い方

✔言えたらチェック ☐☐☐

We have a zoo.
動物園があります。

✿ 自分の町にあるものを言うときは、**We have ～.**（～があります）のように言います。

🔊 声に出して言ってみよう　☐に入る言葉を入れかえて言いましょう。

We have a zoo .

↑
・a hospital　・a restaurant　・a bookstore

💡思い出そう

we は「わたしたちは」という意味で、We have ～. で「わたしたちは～を持っています」という意味です。

② 町にないものの言い方

✔言えたらチェック ☐☐☐

We don't have an amusement park.
遊園地はありません。

✿ 自分の町にないものを言うときは、**We don't have ～.**（～はありません）のように言います。

🔊 声に出して言ってみよう　☐に入る言葉を入れかえて言いましょう。

We don't have an amusement park .

↑
・a temple　・a museum　・a stadium

➕ちょこっとプラス

don't は do not［ナット］を短くした言い方です。

98

ステップアップ 町にないしせつを言ったあとに町にあるしせつを言うときは、「しかし、でも」という意味の but［バット］を使って But we have ～.（でも～はあります）のように言うことができます。

書いて練習のワーク

⭐ 読みながらなぞって、もう1回書きましょう。

We have a zoo.

動物園があります。

We have a hospital.

病院があります。

We have a restaurant.

レストランがあります。

We don't have an amusement park.

遊園地はありません。

We don't have a temple.

寺はありません。

 見てほしいものを示すときには、Look. [ルック]（見て）や Look at 〜. (〜を見て) などと言うことができるよ。

Unit 8

勉強した日 ▶ 　　月　　日

学習の目標・
感想・様子を表す英語
を言えるようになりま
しょう。

◀) 音声

This is my town. — 3
基本のワーク

教科書 94〜97 ページ

感想・様子を表す言葉を覚えよう！

⭐ リズムに合わせて、声に出して言いましょう。　✔ 言えたらチェック ☐☐☐　♪ a50

☐ **interesting**

おもしろい

☐ **fun**

楽しい

☐ **exciting**

わくわくさせる

☐ **new**

新しい

☐ **long**

長い

☐ **big**

大きい

☐ **beautiful**

美しい

☐ **nice**

すてきな、親切な

☐ **great**

すばらしい、すごい

ワードボックス　♪ a51

☐ see many animals　たくさんの動物を見る
☐ eat *okonomiyaki*　お好み焼きを食べる
☐ enjoy fishing　魚つりを楽しむ

☐ see cherry blossoms　桜の花を見る
☐ read many books　たくさんの本を読む
☐ enjoy shopping　買い物を楽しむ

書いて練習のワーク

☆ 読みながらなぞって、1〜3回書きましょう。

interesting

おもしろい

fun

楽しい

exciting

わくわくさせる

new

新しい

long

長い

big

大きい

beautiful

美しい

nice

すてきな、親切な

聞く
話す
読む
書く

great

すばらしい、すごい

英語のトビラ 小さいサイズという意味の「Sサイズ」の「S」は small［スモール］のことだよ。大きいサイズは「Lサイズ」と言うけど、これは big ではなく large［ラーヂ］の「L」からとっているよ。large も「大きい」という意味だよ。

This is my town. ― 4

基本のワーク

学習の目標
町にあるものや町でできることを英語で言えるようになりましょう。

🔊音声

♪a52 教科書 94〜97ページ

① 町にあるものの言い方

✓言えたらチェック ☐☐☐

We have a river.
川があります。

❋ 自分の町にあるものを言うときは、We have 〜. (〜があります) のように言います。

🎧 声に出して言ってみよう　☐に入る言葉を入れかえて言いましょう。

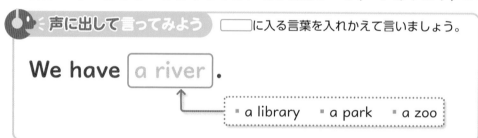

We have a river .

・a library　・a park　・a zoo

📝 表現べんり帳
自分のお気に入りの場所だと伝えるときは、This is my favorite place. (これはわたしのお気に入りの場所です) と言います。

② 町でできることの言い方

✓言えたらチェック ☐☐☐

You can enjoy fishing.
It's exciting.
魚つりを楽しむことができます。それはわくわくします。

❋ できることを言うときは、You can 〜. (〜することができます) のように言います。
❋ 感想を言うときは、It's 〜. (それは〜です) などと言います。

🎧 声に出して言ってみよう　☐に入る言葉を入れかえて言いましょう。

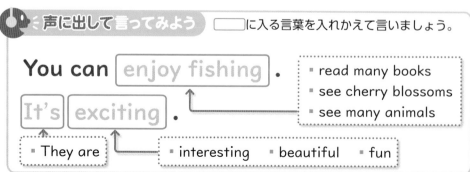

You can enjoy fishing .

It's exciting .

・They are

・read many books
・see cherry blossoms
・see many animals

・interesting　・beautiful　・fun

📝 表現べんり帳
where は「どこに」という意味です。場所をたずねるときに、Where? などと言います。

ステップアップ
【町についてたずねる表現】・What's good about your town? (あなたの町のいいところは何ですか)
・Tell [テル] me about your town. (あなたの町について教えてください)

書いて練習のワーク

⭐ 読みながらなぞって、もう1回書きましょう。

We have a river.

川があります。

You can enjoy fishing.

魚つりを楽しむことができます。

It's exciting.

それはわくわくします。

We have a library.

図書館があります。

You can read many books.

たくさんの本を読むことができます。

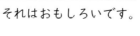

It's interesting.

それはおもしろいです。

　町を紹介するときは、Welcome［ウェルカム］to 〜.（〜へようこそ）や Please visit 〜.（〜をおとずれてください）などと呼びかけてみよう。

103

聞いて練習のワーク

教科書 90〜97 ページ　答え 12 ページ

できた数

/7問中

 音声

1 音声を聞いて、それぞれの町にあるものを線で結びましょう。  ♪ t23

(1)  ・

(2)  ・

・

(3)  ・

・

2 音声を聞いて、絵の内容と合っていれば○、合っていなければ×を（　）に書きましょう。

(1) （　　　　） 　(2) （　　　　） 　(3) （　　　　） 　(4) （　　　　）

♪ t24

まとめのテスト

This is my town.

得点 /50点

教科書 90〜97 ページ 　答え 12 ページ 　時間 20分

1 日本語の意味になるように、（ ）の中から正しいほうを選んで、◯で囲みましょう。

(1) 動物園があります。　　　　　　　　　　　　　　　　　　　　　　　　1つ5点〔20点〕

We (have / don't have) a zoo.

(2) 山はありません。

We (have / don't have) a mountain.

(3) 魚つりを楽しむことができます。

You (can / play) enjoy fishing.

(4) お好み焼きを食べることができます。

You can (see / eat) *okonomiyaki.*

2 日本語の意味を表す英語の文を ┈┈ から選んで、▭ に書きましょう。　1つ10点〔30点〕

(1) 図書館があります。

(2) たくさんの本を読むことができます。

(3) それはおもしろいです。

We have an amusement park. / It's interesting.
We don't have a gym. / We have a library.
You can read many books. / It's beautiful.

聞く
話す
読む
書く

世界の友達 3

プラスワーク

教科書 98〜99 ページ　　答え 13 ページ

1 アデルさんからのビデオレターを聞いて、次の質問に答えましょう。

♪ t25

(1) アデルさんが紹介しているアゼルバイジャンにあるものやいるものは何ですか。下から２つ選んで、（　）に記号を書きましょう。

ア　　　　　　　　　イ　　　　　　　　　ウ

エ　　　　　　　　　オ　　　　　　　　　カ

（　　　、　　　）

(2) アゼルバイジャンで食べることができるものを（　）に日本語で書きましょう。

（　　　　　　　）

(3) アデルさんのお父さんの職業を表す絵を選んで、（　）に記号を書きましょう。

ア　　　　　　　　　イ　　　　　　　　　ウ

（　　　　）

(4) アデルさんのできることを表す絵を選んで、（　）に記号を書きましょう。

ア　　　　　　　　　イ　　　　　　　　　ウ

（　　　　）

2 エマさんからのビデオレターを聞いて、次の質問に答えましょう。

(1) エマさんが紹介〔しょうかい〕しているカンタベリーにあるものは何ですか。下から2つ選んで（ ）に記号を書きましょう。

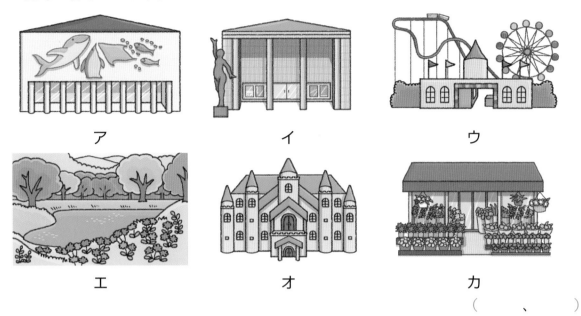

ア　　　　　　　イ　　　　　　　ウ

エ　　　　　　　オ　　　　　　　カ

（　　、　　）

(2) エマさんが作ることができるものを選んで、（ ）に記号を書きましょう。

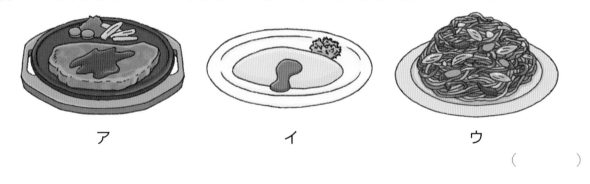

ア　　　　　　　イ　　　　　　　ウ

（　　　）

(3) エマさんが家族で楽しむことを表す絵を選んで、（ ）に記号を書きましょう。

ア　　　　　　　イ　　　　　　　ウ

（　　　）

(4) エマさんが家族と(3)のことをするのは何曜日ですか。（ ）に日本語で書きましょう。

（　　　）曜日

リーディング レッスン

教科書 102〜103ページ　答え 13ページ

🌸 英語の文章を3回読みましょう。

✓ 言えたらチェック □ □ □

🐻 **It's warm today.**

🐻 **Oh, no.　Help me.**

🐻 **Swim.**

🐻 **No, I can't.**

🐻 **Yes, you can.**
　Go for it.
　You can do it.

warm：暖かい　today：今日（は）　help：助ける　me：わたしを　swim：泳ぐ　Go for it.：がんばって。

文章の内容について、次の質問に答えましょう。

(1) 今日の天気を選んで、（　）に記号を書きましょう。

　　ア　雨　　　　　イ　寒い　　　　　ウ　暖かい

（　　　　）

(2) 助けを求めているのはだれですか。下から選んで（　）に記号を書きましょう。

　　ア　子どものクマ
　　イ　大人のクマ
　　ウ　魚

（　　　　）

(3) 文章の内容に合うように、（　）の中から正しいほうを選んで ⬚ で囲みましょう。

　　大人のクマは、子どものクマに（ 跳んで ／ 泳いで ）ほしいと思っています。

⭐ 英文をなぞって書きましょう。

It's warm today.

No, I can't.

Yes, you can.

Go for it.

You can do it.

聞く
話す
読む
書く

111

ローマ字表

〔ヘボン式〕

※［　］は訓令式です。

	A	I	U	E	O			
A	a ア	i イ	u ウ	e エ	o オ			
K	ka カ	ki キ	ku ク	ke ケ	ko コ	kya キャ	kyu キュ	kyo キョ
S	sa サ	shi [si] シ	su ス	se セ	so ソ	sha [sya] シャ	shu [syu] シュ	sho [syo] ショ
T	ta タ	chi [ti] チ	tsu [tu] ツ	te テ	to ト	cha [tya] チャ	chu [tyu] チュ	cho [tyo] チョ
N	na ナ	ni ニ	nu ヌ	ne ネ	no ノ	nya ニャ	nyu ニュ	nyo ニョ
H	ha ハ	hi ヒ	fu [hu] フ	he ヘ	ho ホ	hya ヒャ	hyu ヒュ	hyo ヒョ
M	ma マ	mi ミ	mu ム	me メ	mo モ	mya ミャ	myu ミュ	myo ミョ
Y	ya ヤ	—	yu ユ	—	yo ヨ			
R	ra ラ	ri リ	ru ル	re レ	ro ロ	rya リャ	ryu リュ	ryo リョ
W	wa ワ	—	—	—	—			
N	n ン							
G	ga ガ	gi ギ	gu グ	ge ゲ	go ゴ	gya ギャ	gyu ギュ	gyo ギョ
Z	za ザ	ji [zi] ジ	zu ズ	ze ゼ	zo ゾ	ja [zya] ジャ	ju [zyu] ジュ	jo [zyo] ジョ
D	da ダ	ji [di/zi] ヂ	zu [du] ヅ	de デ	do ド			
B	ba バ	bi ビ	bu ブ	be ベ	bo ボ	bya ビャ	byu ビュ	byo ビョ
P	pa パ	pi ピ	pu プ	pe ペ	po ポ	pya ピャ	pyu ピュ	pyo ピョ

▶動画で復習&📱アプリで練習!
重要表現 まるっと 整理

5年生の重要表現を復習するよ!動画でリズムにあわせて楽しく復習したい人は **1** を、はつおん練習にチャレンジしたい人は **2** を読んでね。 **1** → **2** の順で使うとより効果的だよ!

アレック
Alec先生

1 「わくわく動画」の使い方

各ページの冒頭についているQRコードを読み取ると、動画の再生ページにつながります。

Alec先生に続けて子どもたちが1人ずつはつおんします。Alec先生が「You!」と呼びかけたらあなたの番です。

It's your turn! (あなたの番です)が出たら、画面に出ている英文をリズムにあわせてはつおんしましょう。

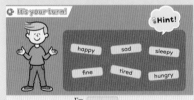

最後に自己表現の練習をします。
It's your turn! が出たら、画面上の英文をはつおんしましょう。　　　　　の中に入れる単語は Hint! も参考にしましょう。

2 「文理のはつおん上達アプリ　おん達」の使い方

ホーム画面下の「かいわ」を選んで、学習したいタイトルをおします。

トレーニング
- ❶ 🔊 をおしてお手本の音声を聞きます。
- ❷ 🎤 をおして英語をふきこみます。
- ❸ 点数を確認し、▶ をおして自分の音声を聞きましょう。

チャレンジ
- ❶カウントダウンのあと会話が始まります。
- ❷ 🎤 が光ったら英語をふきこみ、最後にもう一度 🎤 をおします。
- ❸"Role Change!"と出たら役をかわります。

ダウンロード

アクセスコード
EYKF6F8a

第1回　はじめましてのあいさつ

5-01

動画

お

重要表現まるっと整理

☆ アプリを使って会話の練習をしましょう。80点以上になるように何度も練習しましょう。

トレーニング　はじめましてのあいさつの表現を練習しましょう。＿＿の部分をかえて練習しましょう。

🎵 s01

□① Hello. My name is Yuki.　　こんにちは、わたしの名前はユキです。
　　　　　　　　　　　・Keita　・Mary　・John

□② How do you spell your name?　あなたの名前はどのようにつづりますか。

□③ Y-U-K-I. Yuki.　　　　　Y、U、K、I。ユキです。
　・K-E-I-T-A. Keita.　・M-A-R-Y. Mary.　・J-O-H-N. John.

何度も練習してね！

□④ Nice to meet you.　　　　はじめまして。

□⑤ Nice to meet you, too.　　こちらこそ、はじめまして。

チャレンジ　はじめましてのあいさつの会話を練習しましょう。

🎵 s02

第2回 誕生日について 重要表現まるっと整理

5-02

▶動画

⭐ アプリを使って会話の練習をしましょう。80点以上になるように何度も練習しましょう。

トレーニング 誕生日についての表現を練習しましょう。___の部分をかえて練習しましょう。

♪ s03

□① When is your birthday?　　　　あなたの誕生日はいつですか。

□② My birthday is April 2nd.　　　わたしの誕生日は4月2日です。
　　　　・July 5th　・October 23rd　・January 31st

□③ What do you want for your birthday?　あなたは誕生日に何がほしいですか。

□④ I want a bike.　　　　わたしは自転車がほしいです。
　　　　・a bag　・a watch　・a cake

チャレンジ 誕生日についての会話を練習しましょう。

♪ s04

聞く
話す
読む
書く

115

第3回 できることについて 重要表現まるっと整理

5-03

▶動画

⭐ アプリを使って会話の練習をしましょう。80点以上になるように何度も練習しましょう。

トレーニング　できることについての表現を練習しましょう。＿＿の部分をかえて練習しましょう。

♪ s05

☐① Can you swim fast?　　　　　　あなたは速く泳ぐことができますか。
・bake bread well　・sing well　・jump high

☐② Yes, I can.　　　　　　　　　　はい、できます。
・No, I can't.

がんばって！

☐③ This is Ken.　　　　　　　　　　こちらはケンです。
・Emi　・Yuta　・Satomi

☐④ He can swim fast.　　　　　　彼は速く泳ぐことができます。
・She
・bake bread well　・sing well　・jump high

☐⑤ Cool!　　　　　　　　　　　　　　かっこいい！
・Great!　・Nice!　・Wonderful!

チャレンジ　できることについての会話を練習しましょう。

♪ s06

Can you swim fast?

Yes, I can.

This is Ken.
He can swim fast.

Cool!

第4回 時間割(じかんわり)や好きな教科について 重要表現まるっと整理

5-04

▶動画

● アプリを使って会話の練習をしましょう。80点以上になるように何度も練習しましょう。

トレーニング 時間割や好きな教科についての表現を練習しましょう。＿＿の部分をかえて練習しましょう。

♪ s07

□① What do you have on <u>Monday</u>?　　あなたは月曜日に何がありますか。
　　・Tuesday　・Thursday　・Friday

□② I have <u>English</u> on <u>Monday</u>.　　わたしは月曜日に英語があります。
　　・Japanese　・science　・music　　・Tuesday　・Thursday　・Friday

□③ What subject do you like?　　あなたは何の教科が好きですか。

□④ I like <u>math</u>.　　わたしは算数が好きです。
　　・social studies　・P.E.　・arts and crafts

チャレンジ 時間割や好きな教科について会話を練習しましょう。

♪ s08

What do you have on Monday?

I have English on Monday.

What subject do you like?

I like math.

聞く
話す
読む
書く

第5回 もののある場所について
重要表現まるっと整理

5-05

▶動画

⭐ アプリを使って会話の練習をしましょう。80点以上になるように何度も練習しましょう。

トレーニング もののある場所についての表現を練習しましょう。＿＿の部分をかえて練習しましょう。

♪ s09

□① Where is the pencil?　　　　　　えんぴつはどこにありますか。
　　　・notebook ・ball ・towel

□② It's in the pencil case.　　　　それは筆箱の中です。
　　　・bag ・box ・basket

□③ Where is the pencil case?　　　筆箱はどこにありますか。
　　　・bag ・box ・basket

□④ It's on the desk.　　　　　　　それはつくえの上にあります。
　・under the chair ・by the door ・under the table

大きな声で
言ってみよう！

チャレンジ もののある場所についての会話を練習しましょう。

♪ s10

Where is the pencil?

It's in the pencil case.

Where is the pencil case?

It's on the desk.

第6回 道案内
重要表現 まるっと 整理

⭐ アプリを使って会話の練習をしましょう。80点以上になるように何度も練習しましょう。

トレーニング 道案内の表現を練習しましょう。＿＿の部分をかえて練習しましょう。

♪ s11

☐① Where is the <u>station</u>?　　　　駅はどこにありますか。
  ・park　・museum　・school

☐② Go straight for <u>one block</u>.　　1区画まっすぐに行ってください。
  ・two blocks　・three blocks

☐③ Turn <u>right</u> at the <u>corner</u>.　その角を右に曲がってください。
  ・left　　・second corner　・third corner

☐④ You can see it on your <u>left</u>.　それはあなたの左手に見えます。
  ・right

チャレンジ 道案内の会話を練習しましょう。

♪ s12

Where is the station?

Go straight for one block.
Turn right at the corner.
You can see it on your left.

第7回 レストランでの注文
重要表現まるっと整理

5-07

📱動画

⭐ アプリを使って会話の練習をしましょう。80点以上になるように何度も練習しましょう。

トレーニング　レストランでの注文の表現を練習しましょう。＿＿の部分をかえて練習しましょう。

♪ s13

☐① What would you like?　何をめしあがりますか。

☐② I'd like fried chicken.　フライドチキンをください。
　　・curry and rice　・ice cream　・grilled fish

☐③ How much is it?　いくらですか。

よく聞いてね！

☐④ It's 400 yen.　400円です。
　　・600　・200　・550

チャレンジ　レストランでの注文の会話を練習しましょう。

♪ s14

3 音声を聞いて、それぞれが好きな教科を下から選んで、（　）に記号を書きましょう。

1つ5点〔20点〕

(1)  Aya

（　　　　　）

(2)  Daiki

（　　　　　）

(3)  Mina

（　　　　　）

(4)  Ryo

（　　　　　）

ア　算数　　イ　国語　　ウ　理科
エ　社会科　　オ　英語

4 アメリカから来た転入生が自己紹介（じ こ しょうかい）をしています。音声を聞いて、その内容を（　）に日本語で書きましょう。

1つ10点〔30点〕

	テーマ	答　え
	名前	リリー
(1)	好きなスポーツ	（　　　　　　　　　　　　）
(2)	好きな色	（　　　　　　　　　　　　）
(3)	好きな果物（くだもの）	（　　　　　　　　　　　　）

うら面の問題も解きましょう。

実力判定テスト 夏休みのテスト

時間 10分

名前

得点 /50点

書く

読む

教科書 16〜43 ページ　答え 14 ページ

5 日本語の意味になるように ┊┈┈┊ から選んで、▱ に英語を書きましょう。文の最初にくる言葉は大文字で書き始めましょう。

1つ5点〔20点〕

(1) はじめまして。

▱ to meet you.

(2) あなたはもも色が好きですか。

Do you ▱ pink?

(3) 〔(2)に答えて〕 いいえ、好きではありません。

No, I ▱ .

(4) わたしは月曜日に理科があります。

I ▱ science on Monday.

┊ new / do / nice / have / like / don't ┊

6 ハルカの自己紹介のメモを見て、内容に合うように から選んで、 ＝ に英語を書きましょう。

 Haruka

【メモ】
名前：ハルカ
誕生日：12 月 30 日
ほしいもの：黄色いカップ

(1) My ＿＿＿＿＿ is
Haruka.

(2) My birthday is
＿＿＿＿＿ 30th.

(3) I want a ＿＿＿＿＿
cup for my birthday.

October / new / December
red / name / yellow

実力判定テスト

夏休みの テスト

名前

得点

/100点

🔊音声

🎧聞く

| 教科書 | 16〜43 ページ | 答え | 14 ページ |

1 音声を聞いて、絵の内容と合っていれば〇、合っていなければ×を（　）に書きましょう。

1つ5点〔20点〕

♪ t27

(1)

(　　　　)

(2)

(　　　　)

(3)

(　　　　)

(4)

(　　　　)

2 音声を聞いて、それぞれの誕生日とほしいものを線で結びましょう。

1つ10点〔30点〕

♪ t28

(1) Takuya

1 10月

(2) Kana

20 7月

(3) Toru

11 2月

実力判定テスト　冬休みの テスト

時間 10分

名前

得点

/50点

書く

読む

教科書 50〜75 ページ　答え 15 ページ

5 日本語の意味になるように ┆┄┄┆ から選んで、▭ に英語を書きましょう。文の最初にくる言葉は大文字で書き始めましょう。
1つ5点〔20点〕

(1) あなたは料理をすることができますか。

_____ you cook?

(2) 〔(1)に答えて〕　いいえ、できません。

No, I _____ .

(3) 病院はどこにありますか。

_____ is the hospital?

(4) それはあなたの右側に見えます。

You can see it on your

_____ .

┄┄┄┄┄┄┄┄┄┄┄┄┄┄┄┄┄┄┄┄┄┄┄┄┄┄┄┄┄┄┄┄
right / can / where / left / who / can't
┄┄┄┄┄┄┄┄┄┄┄┄┄┄┄┄┄┄┄┄┄┄┄┄┄┄┄┄┄┄┄┄

6 トモキのあこがれの人についてのメモを見て、内容に合うように ┊┈┊ から選んで、▭ に
英語を書きましょう。

1 つ10点〔30点〕

┌─────────────────────────┐
【あこがれの人についてのメモ】
あこがれの人：母
職業：看護師
できること：バイオリンをひく
└─────────────────────────┘

Look at this.
(1) She is my _____ .
(2) She is a _____ .
(3) She can _____
the violin.

┌─────────────────────────┐
sister / have / nurse
play / mother / actor
└─────────────────────────┘

学年末のテスト

時間
20分

名前　　　　　　　　得点

/100点

音声

教科書　16〜97 ページ　答え　17 ページ

聞く

1 音声を聞いて、質問に合う答えを、ア、イ、ウの３つのうちから選んで、（　）に記号を書きましょう。

1つ5点〔20点〕

♪ t35

(1)

（　　　　　）

(2)

（　　　　　）

(3)

（　　　　　）

(4)

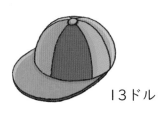

13ドル

（　　　　　）

2 音声を聞いて、それぞれの町にあるものとその様子を線で結びましょう。

1つ10点〔30点〕

♪ t36

(1)

・　　　・ ・　　　・ すてきな

(2)

・　　　・　　　　　　　・　　　・ わくわくさせる

(3)

・　　　・　　　　　　　・　　　・ 大きい

6 カホの自分の町についてのメモを見て、内容に合うように ┊┄┊ から選んで、▭ に英語を書きましょう。

1つ10点〔30点〕

 Kaho

【メモ】
町にあるもの：川
できること：魚つりを楽しむ
感想：わくわくする

(1) We have a _____ .

(2) You can _____ fishing.

(3) It's _____ .

┊┄┄┄┄┄┄┄┄┄┄┄┄┄┄┄┄┄┄┄┄┄┄┄┄┄┄┄┊
hospital / beautiful / exciting
river / enjoy / eat
┊┄┄┄┄┄┄┄┄┄┄┄┄┄┄┄┄┄┄┄┄┄┄┄┄┄┄┄┊

5 質問に合う答えの文を ┌┈┈┐ から選んで、▭ に書きましょう。　　1つ5点〔20点〕

(1) **What do you have on Friday?**

(2) **What sport do you like?**

(3) **Where is the bag?**

(4) **What do you want for your birthday?**

┌┈┈┈┈┈┈┈┈┈┈┈┈┈┈┈┈┈┈┈┈┈┈┈┈┈┈┈┐
I want a new hat. / I have music.
I like basketball. / He is my father.
It's under the sofa.
└┈┈┈┈┈┈┈┈┈┈┈┈┈┈┈┈┈┈┈┈┈┈┈┈┈┈┈┘

3 音声を聞いて、それぞれの注文したものを 2 つずつ下から選んで、（ ）に記号を書きましょう。

1 つ 5 点〔20点〕

(1) Kumi

（　　　、　　　）

(2) Ren

（　　　、　　　）

(3) Midori

（　　　、　　　）

(4) Sana

（　　　、　　　）

ア　サンドイッチ　　イ　カレーライス　　ウ　サラダ
エ　プリン　　オ　コーヒー　　カ　牛乳^{ぎゅうにゅう}　　キ　スパゲッティ
ク　フライドチキン　　ケ　オレンジジュース

4 オリジナル料理の紹介^{しょうかい}を聞いて、その内容^{ないよう}に合うように（ ）に日本語を書きましょう。

1 つ10点〔30点〕

♪ t38

	料　理	味	ねだん
(1)	とうもろこしと牛肉丼^{どん}	あまい	（　　　　　　　）
(2)	（　　　　　　　）ヌードル	とてもおいしい	500 円
(3)	チーズと（　　　　　　　）丼	（　　　　　）	680 円

うら面の問題も解^ときましょう。

⑲

日曜日

⑳

水曜日

㉑

金曜日

㉒

春

㉓

夏

㉔

秋

㉕

冬

㉖

1月

㉗

7月

㉘

12月

Wednesday

January

summer

Friday

spring

Sunday

winter

December

fall

July

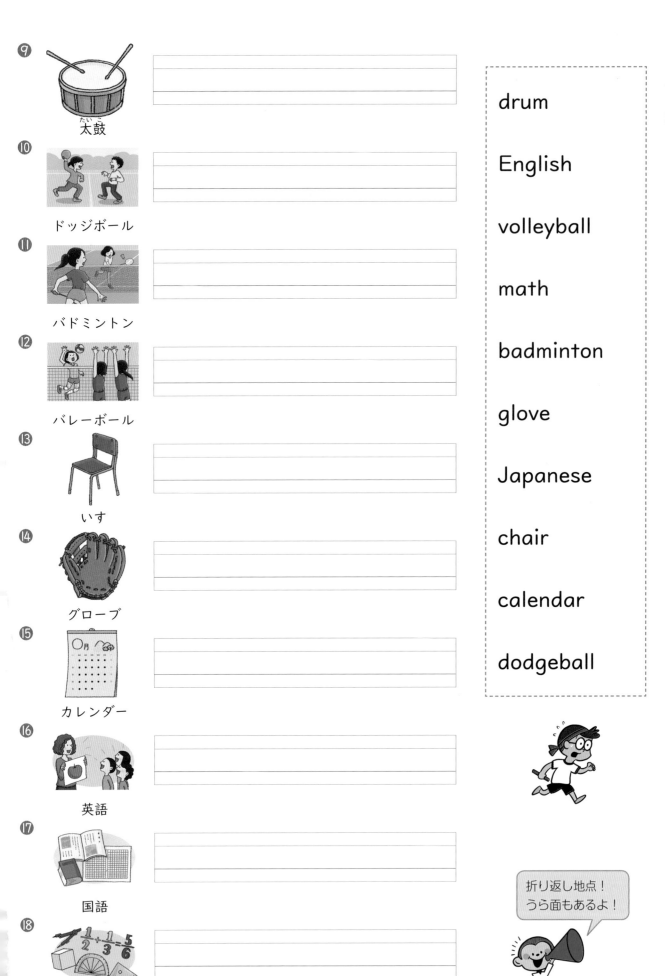

⑨ 太鼓（たいこ）

⑩ ドッジボール

⑪ バドミントン

⑫ バレーボール

⑬ いす

⑭ グローブ

⑮ カレンダー

⑯ 英語

⑰ 国語

⑱ 算数

drum

English

volleyball

math

badminton

glove

Japanese

chair

calendar

dodgeball

折り返し地点！
うら面もあるよ！

実力判定テスト

5年生の単語 **38** 語を書こう!

単語リレー

時間 **30**分

名前

単語カード **1** 〜 **156**　　答え **18** ページ

5年生のわくわく英語カードで覚えた単語のおさらいです。絵に合う単語を から選び、 に書きましょう。

❶
家族

❷
お父さん

❸
お姉さん、妹

❹
ステーキ

❺
スパゲッティ

❻
フライドチキン

❼
リコーダー

❽
ギター

steak

father

sister

guitar

family

fried chicken

spaghetti

recorder

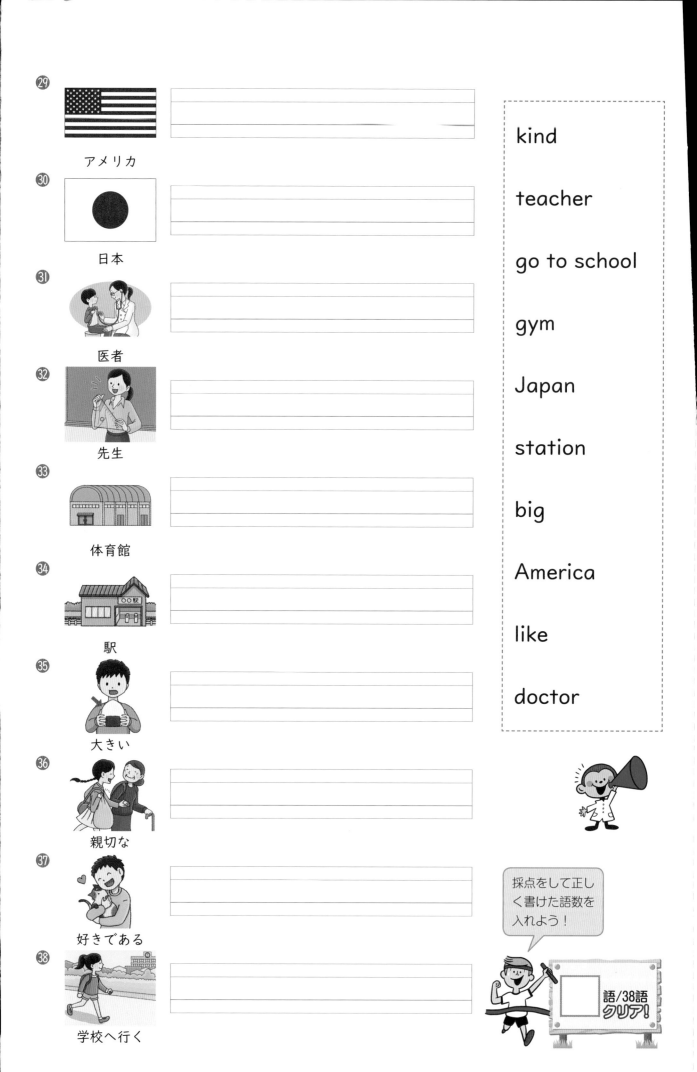

㉙ アメリカ

㉚ 日本

㉛ 医者

㉜ 先生

㉝ 体育館

㉞ 駅

㉟ 大きい

㊱ 親切な

㊲ 好きである

㊳ 学校へ行く

kind

teacher

go to school

gym

Japan

station

big

America

like

doctor

採点をして正しく書けた語数を入れよう！

語/38語 クリア！

使い方

光村図書版

英語 5 年

まちがえた問題は、もう一度よく読んで、なぜまちがえたのかを考えましょう。音声を聞きなおして、あとに続いて言ってみましょう。

Unit 1

📖 22 ページ 聞いて練習のワーク

❶ (1) サヤカ　　(2) ノボル
(3) アヤ　　　(4) ジュン

❷
	名 前	スポーツ	果物	色
(1)	Ayumi	バスケットボール	（ オレンジ ）	もも
(2)	Kenta	（ 野球 ）	ブドウ	（ 赤 ）
(3)	Riko	（ バレーボール ）	（ モモ ）	青

てびき

❶ My name is ～. は「わたしの名前は～です」という意味です。is のあとに注意して聞きましょう。Nice to meet you. は「はじめまして」という意味です。

❷ What ～ do you like? は「あなたは何の[どんな]～ が好きですか」という意味です。答えるときは I like ～.（わたしは～が好きです）と言います。
(1) fruit「果物」、orange(s)「オレンジ」
(2) sport「スポーツ」、baseball「野球」
　　color「色」、red「赤」
(3) volleyball「バレーボール」、peach(es)「モモ」

🔊 読まれた英語

❶ (1) Hello. My name is Sayaka. Nice to meet you.
(2) Hello. My name is Noboru. Nice to meet you.
(3) Hello. My name is Aya. Nice to meet you.

(4) Hello. My name is Jun. Nice to meet you.
❷ (1) Ayumi, what fruit do you like?
　　— I like oranges.
(2) Kenta, what sport do you like?
　　— I like baseball.
　　What color do you like?
　　— I like red.
(3) Riko, what sport do you like?
　　— I like volleyball.
　　What fruit do you like?
　　— I like peaches.

まとめのテスト

1 (1) My　　(2) How

(3) What

2 (1) Do you like soccer?

(2) Yes, I do.

てびき

1 (1)「わたしの名前は～です」は My name is ～. と言います。my は「わたしの」という意味です。

(2)「それはどのようにつづりますか」は、How do you spell it? と言います。

(3)「あなたは何の［どんな］～が好きですか」は What ～ do you like? と言います。
what color「何色」

2 「あなたは～が好きですか」は Do you like ～? と言います。答えるときは Yes, I do.（はい、好きです）や No, I don't.（いいえ、好きではありません）と言います。

(1) soccer「サッカー」

Unit 2

聞いて練習のワーク

1

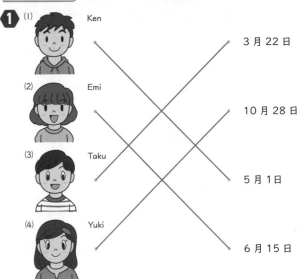

(1) Ken　　3月22日

(2) Emi　　10月28日

(3) Taku　　5月1日

(4) Yuki　　6月15日

2 (1) ○　(2) ×　(3) ×　(4) ○

てびき

1 When is your birthday? は「あなたの誕生日はいつですか」という意味です。My birthday is〈月〉〈日〉.（わたしの誕生日は～月…日です）で答えます。

(1) May 1st「5月1日」

(2) June 15th「6月15日」

(3) March 22nd「3月22日」

(4) October 28th「10月28日」

2 What do you want for your birthday? は「あなたは誕生日に何がほしいですか」という意味です。答えるときは I want ～.（わたしは～がほしいです）と言います。

(1) bag「バッグ」

(2) ruler「定規」

(3) cup「カップ」

(4) pencil case「筆箱」

📢 読まれた英語

1 (1) Ken, when is your birthday?
　　　— My birthday is May 1st.

(2) Emi, when is your birthday?
　　　— My birthday is June 15th.

(3) Taku, when is your birthday?
　　　— My birthday is March 22nd.

(4) Yuki, when is your birthday?
　　　— My birthday is October 28th.

❷ (1) What do you want for your birthday?
　　　— I want a bag.
　　(2) What do you want for your birthday?
　　　— I want a ruler.
　　(3) What do you want for your birthday?
　　　— I want a cup.
　　(4) What do you want for your birthday?
　　　— I want a pencil case.

33
ページ **まとめのテスト**

1 (1) 7月　　(2) 2月
　　(3) 11月　　(4) 4月

2 (1) When　　(2) What

　　(3) want

てびき
1 (1) July「7月」
(2) February「2月」
(3) November「11月」
(4) April「4月」
2 (1)「あなたの誕生日(たんじょう)はいつですか」は When is your birthday? と言います。
(2)「あなたは誕生日に何がほしいですか」は What do you want for your birthday? と言います。
(3)「わたしは〜がほしいです」は I want 〜. と言います。new「新しい」、hat「(ふちのある)ぼうし」

Unit 3

38
ページ **聞いて練習のワーク**

1 (1) ×　(2) ○　(3) ○　(4) ×
2 (1) イ、ケ　　(2) ア、キ
　　(3) ウ、カ　　(4) エ、オ

てびき
1 I like 〜. は「わたしは〜が好きです」という意味です。
(1) Japanese「国語」
(2) math「算数」
(3) P.E.「体育」
(4) science「理科」
2 What subjects do you like? は「あなたは何の教科が好きですか」という意味です。I like 〜. (わたしは〜が好きです) で答えます。
(1) math「算数」、home economics「家庭科」
(2) Japanese「国語」、music「音楽」
(3) science「理科」、P.E.「体育」
(4) social studies「社会科」、English「英語」

📢 **読まれた英語**

1 (1) I like Japanese.
　　(2) I like math.
　　(3) I like P.E.
　　(4) I like science.
2 (1) Saori, what subjects do you like?
　　　— I like math and home economics.
　　(2) Ken, what subjects do you like?
　　　— I like Japanese and music.
　　(3) Satoru, what subjects do you like?
　　　— I like science and P.E.
　　(4) Emi, what subjects do you like?
　　　— I like social studies and English.

39 ページ まとめのテスト

1 (1) 英語　　(2) 社会科
(3) 図画工作　　(4) 書写

2 (1) and　　(2) subjects

(3) science

てびき

1 (1) English「英語」
(2) social studies「社会科」
(3) arts and crafts「図画工作」
(4) calligraphy「書写」

2 (1)「〜と…」と2つ以上の言葉をならべるときは and を使います。math「算数」、music「音楽」
(2)(3)「あなたは何の教科が好きですか」は What subjects do you like? と言います。答えるときは I like 〜.（わたしは〜が好きです）と言います。P.E.「体育」、science「理科」

44 ページ 聞いて練習のワーク

1 (1) ×　(2) ○　(3) ○　(4) ×
2 (1) 国語　　(2) 社会科　　(3) 算数
(4) 英語　　(5) 理科

てびき

1 I have 〈教科〉 on 〈曜日〉. で「わたしは〜曜日に…があります」という意味です。
(1) Japanese「国語」、Friday「金曜日」
(2) math「算数」、Monday「月曜日」
(3) science「理科」、Thursday「木曜日」
(4) English「英語」、Wednesday「水曜日」

2 What do you have on 〈曜日〉? で「あなたは〜曜日に何がありますか」という意味です。答えるときは I have 〜. と言います。
(1) P.E.「体育」、home economics「家庭科」、Japanese「国語」
(2) science「理科」、social studies「社会科」、arts and crafts「図画工作」
(3) math「算数」、calligraphy「書写」、social studies「社会科」
(4) Japanese「国語」、English「英語」、math「算数」
(5) music「音楽」、English「英語」、science「理科」

1 (1) I have Japanese on Friday.
(2) I have math on Monday.
(3) I have science on Thursday.
(4) I have English on Wednesday.

2 (1) What do you have on Monday?
— I have P.E., home economics, and Japanese.
(2) What do you have on Tuesday?
— I have science, social studies, and arts and crafts.
(3) What do you have on Wednesday?
— I have math, calligraphy, and social studies.
(4) What do you have on Thursday?
— I have Japanese, English, and math.
(5) What do you have on Friday?
— I have music, English, and science.

45 ページ まとめのテスト

1 (1) Sunday　　(2) Saturday

(3) Thursday　　(4) Monday

(5) Wednesday

2 (1) What do you have on

Tuesday?

(2) I have English and music.

てびき

1 (1) Sunday「日曜日」
(2) Saturday「土曜日」
(3) Thursday「木曜日」
(4) Monday「月曜日」
(5) Wednesday「水曜日」

2 「あなたは〜曜日に何がありますか」は What do you have on 〈曜日〉? と言います。答えるときは I have 〜. と言います。
(1) on Tuesday「火曜日に」
(2) English「英語」、music「音楽」

4

まとめ 世界の友達1

46〜47 ページ **プラスワーク**

1 (1)イ　　(2)緑　　(3)イ

2 (1) | Hannes |

　　(2)ア　　(3)ウ

てびき

1 (1)リョウはノラさんにNora, when is your birthday?「ノラ、あなたの誕生日はいつですか」とたずねています。ノラさんはMy birthday is October 20th.「わたしの誕生日は10月20日です」と答えています。

(2)リョウはノラさんにAnd what color do you like?「それからあなたは何色が好きですか」とたずねています。ノラさんはI like green.「わたしは緑が好きです」と答えています。

(3)リョウはノラさんにWhat do you want for your birthday?「あなたは誕生日に何がほしいですか」とたずねています。ノラさんはI want a new bag.「わたしは新しいバッグがほしいです」と答えています。そのあとにI want a green bag.「わたしは緑のバッグがほしいです」とも言っています。

2 (1)アキはハネスさんにHow do you spell it?「それ(＝ハネス)はどのようにつづりますか」とたずねています。ハネスさんは「H-A-N-N-E-S」と答えています。つまり、「ハネス」のつづりはHannesです。

(2)アキはHannes, what subjects do you like?「ハネス、あなたは何の教科が好きですか」とたずねています。ハネスさんはI like P.E. very much.「わたしは体育がとても好きです」と答えています。

(3)アキはWhat sport do you like?「あなたは何のスポーツが好きですか」とたずねています。ハネスさんはI like soccer.「わたしはサッカーが好きです」と答えています。

読まれた英語

1
Ryo : Hello, I'm Ryo. Nice to meet you.
Nora : Nice to meet you, too. I'm Nora.
Ryo : Nora, when is your birthday?
Nora : My birthday is October 20th.
Ryo : OK. What do you want for your birthday?
Nora : I want a new bag.
Ryo : That's nice. And what color do you like?
Nora : I like green. I want a green bag.
Ryo : OK. Thank you, Nora.
Nora : You're welcome.

2
Aki : Hi. My name is Aki.
Hannes : Hi, Aki. I'm Hannes. Nice to meet you.
Aki : Nice to meet you, too. Your name is Hannes. How do you spell it?
Hannes : H-A-N-N-E-S.
Aki : H-A-N-N-E-S. I see. Hannes, what subjects do you like?
Hannes : I like P.E. very much.
Aki : Wow. What sport do you like?
Hannes : I like soccer.
Aki : Cool. Thank you, Hannes.
Hannes : Your're welcome.

Unit 4

聞いて練習のワーク

❶ (1)○ (2)△ (3)△ (4)○
❷ (1)イ (2)ウ (3)カ

てびき ❶ He[She] can ～. は「彼[彼女]は～することができます」、He[She] can't ～. は「彼[彼女]は～することができません」という意味です。
(1) play the guitar「ギターをひく」
(2) do kendama「けん玉をする」
(3) ride a unicycle「一輪車に乗る」
(4) play volleyball「バレーボールをする」
❷ Can you ～? は「あなたは～することができますか」という意味です。答えるときは Yes, I can.(はい、できます)や No, I can't.(いいえ、できません)と言います。
(1) cook「料理をする」、draw pictures well「上手に絵をかく」
(2) play the piano「ピアノをひく」、sing well「上手に歌う」
(3) run fast「速く走る」、play soccer「サッカーをする」

📢 **読まれた英語**

❶ (1) He can play the guitar.
(2) She can't do kendama.
(3) He can't ride a unicycle.
(4) She can play volleyball.
❷ (1) Yuki, can you cook?
— Yes, I can.
Can you draw pictures well?
— No, I can't.
(2) Ken, can you play the piano?
— Yes, I can.
Can you sing well?
— No, I can't.
(3) Emi, can you run fast?
— Yes, I can.
Can you play soccer?
— No, I can't.

まとめのテスト

❶ (1) can (2) She
(3) Can (4) can't

❷ (1) Yes, I can.
(2) No, I can't.
(3) Yes, I can.

てびき ❶ (1)「わたしは～することができます」は I can ～. と言います。play badminton「バドミントンをする」
(2)「彼女は～することができません」は She can't ～. と言います。play the piano「ピアノをひく」
(3)(4)「あなたは～することができますか」は Can you ～? と言います。「いいえ、できません」は No, I can't. と言います。ride a unicycle「一輪車に乗る」
❷ Can you ～? は「あなたは～することができますか」という意味です。Yes, I can.(はい、できます)や No, I can't.(いいえ、できません)で答えます。
(1) play the recorder は「リコーダーをふく」という意味です。メモからリコーダーがふけるとわかるので、Yes, I can. と答えます。
(2) cook は「料理をする」という意味です。メモから料理をすることができないとわかるので、No, I can't. と答えます。
(3) swim は「泳ぐ」という意味です。メモから水泳ができるとわかるので、Yes, I can. と答えます。

Unit 5

聞いて練習のワーク

❶ (1) ×　(2) ×　(3) ○　(4) ○

❷ (1) ク　(2) ア　(3) キ　(4) ウ

てびき ❶ He[She] is ～. は「彼［彼女］は～です」という意味です。

(1) doctor「医者」

(2) comedian「お笑い芸人」

(3) artist「芸術家」

(4) tennis player「テニス選手」

❷ Who is this? は「こちらはだれですか」という意味です。答えるときは He[She] is ～.（彼［彼女］は～です）と言います。

(1) soccer player「サッカー選手」、cool「かっこいい」

(2) nurse「看護師」、friendly「友好的な」

(3) teacher「先生」、kind「親切な」

(4) vet「獣医」、famous「有名な」

読まれた英語

❶ (1) He is a doctor.

(2) She is a comedian.

(3) She is an artist.

(4) He is a tennis player.

❷ (1) Who is this?

　— He is Jim.　He is a soccer player.
　　He is cool.

(2) Who is this?

　— She is Hanna.　She is a nurse.
　　She is friendly.

(3) Who is this?

　— She is Emily.　She is a teacher.
　　She is kind.

(4) Who is this?

　— He is Chris.　He is a vet.
　　He is famous.

まとめのテスト

❶ (1) mother

(2) brother

(3) grandfather

(4) astronaut

(5) zookeeper

❷ (1) an　(2) shy　(3) strong

てびき ❶ (1) mother「母」

(2) brother「兄、弟」

(3) grandfather「祖父」

(4) astronaut「宇宙飛行士」

(5) zookeeper「動物園の飼育員」

❷ 「彼は～です」は He is ～.、「彼女は～です」は She is ～. と言います。

(1)「1人の」を表す a [an] を置くとき、あとに続く言葉がア・イ・ウ・エ・オに似た音で始まる場合は an を使います。actor「俳優、役者」

(2) shy「内気な」、funny「おかしい」

(3) strong「強い」、famous「有名な」

❶ (1)ウ　(2)イ　(3)エ　(4)ア
❷ (1)ア　(2)ウ　(3)エ　(4)オ

てびき

❶ (1) under「〜の下に」
(2) on「〜の上に」
(3) by「〜のそばに」
(4) in「〜の中に」

❷ 音声を聞きながら、★から指でたどりましょう。Where is 〜?「〜はどこにありますか」
Go straight for 〜 block(s).「〜区画まっすぐ進んでください」
Turn right[left] at the corner.「その角を右[左]に曲がってください」
You can see it on your right[left].「それはあなたの右側[左側]に見えます」
(1) school「学校」
(2) restaurant「レストラン」
(3) post office「郵便局」
(4) park「公園」

📣 **読まれた英語**

❶ (1) It's under the box.
(2) It's on the box.
(3) It's by the box.
(4) It's in the box.

❷ (1) Where is the school?
— Go straight for two blocks.
Turn left at the corner.
You can see it on your right.
(2) Where is the restaurant?
— Go straight for one block.
Turn right at the corner.
You can see it on your left.
(3) Where is the post office?
— Turn left at the corner.
Go straight for one block.
Turn right at the corner.
You can see it on your left.
(4) Where is the park?
— Turn right at the corner.
Go straight for one block.
Turn left at the corner.
You can see it on your right.

1 (1) Where

(2) Go straight

(3) Turn left

2 (1) It's on the desk.

(2) It's by the chair.

てびき

1 (1)「〜はどこにありますか」はWhere is 〜? と言います。bus stop「バス停」
(2)「〜区画まっすぐ進んでください」はGo straight for 〜 block(s). と言います。
(3)「その角を左に曲がってください」はTurn left at the corner. と言います。

2 (1) Where is the computer? は「コンピュータはどこにありますか」という意味です。コンピュータはつくえの上にあるので、It's on the desk.（それはつくえの上にあります）と答えます。
(2) Where is the soccer ball? は「サッカーボールはどこにありますか」という意味です。サッカーボールはいすのそばにあるので、It's by the chair.（それはいすのそばにあります）と答えます。

まとめ 世界の友達2

80〜81 ページ **プラスワーク**

① (1)中国　(2)イ、エ　(3)イ

② (1)活動的　(2)医者
　　(3)ウ

てびき

① (1)ユートンさんは Hello, from China.「中国からこんにちは」と言っています。

(2)ユートンさんはI can make curry and rice well.「わたしはカレーライスを上手に作ることができます」と言っています。加えて、I can sing well.「わたしは上手に歌うことができます」とも言っています。

(3)ユートンさんはThis is my father. He can play the piano.「こちらはわたしの父です。彼はピアノをひくことができます」と言っています。

② (1)ウィリアムさんはMy hero is my sister.「わたしのあこがれの人はわたしの姉です」と言っています。加えて、She is active.「彼女は活動的です」と言っています。

(2)ウィリアムさんはMy brother is my hero, too. He is a doctor.「わたしの兄もわたしのあこがれの人です。彼は医者です」と言っています。

(3)ウィリアムさんはHe can help people.「彼（＝ウィリアムさんの兄）は人々を助けることができます」と言っています。

読まれた英語

① Hello, from China.
　I'm Yutong.
　What do you like?
　I like cooking.
　I can make curry and rice well.
　I like music, too.
　I can sing well.
　Please look at this picture.
　This is my father.
　He can play the piano.

② Hi, my name is William.
　I'm in Australia.
　Who is your hero?
　My hero is my sister.
　She is a farmer.
　She can sing well.
　She is active.
　My brother is my hero, too.
　He is a doctor.
　He can help people.
　He is kind.

Unit 7

88ページ 聞いて練習のワーク

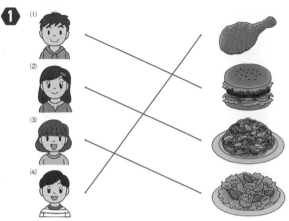

❷ (1) ◯　(2) ×　(3) ◯　(4) ×

てびき

❶ What would you like? は「何になさいますか」という意味です。答えるときは I'd like ～.（～がほしいです）と言います。
(1) hamburger「ハンバーガー」
(2) spaghetti「スパゲッティ」
(3) salad「サラダ」
(4) fried chicken「フライドチキン」

❷ How much is it? は「いくらですか」という意味です。It's ～ yen. は「～円です」という意味です。
(1)「250」two hundred and fifty
(2)「400」four hundred
(3)「800」eight hundred
(4)「380」three hundred and eighty

📢 読まれた英語

❶ (1) What would you like?
— I'd like a hamburger.
(2) What would you like?
— I'd like spaghetti.
(3) What would you like?
— I'd like a salad.
(4) What would you like?
— I'd like fried chicken.

❷ (1) How much is it? — It's 250 yen.
(2) How much is it? — It's 400 yen.
(3) How much is it? — It's 800 yen.
(4) How much is it? — It's 380 yen.

89ページ まとめのテスト

❶ (1) フライドチキン　(2) カレーライス
(3) フライドポテト　(4) サンドイッチ
(5) スパゲッティ

❷ (1) would　(2) like
(3) How　(4) dollars

てびき

❶ (1) fried chicken「フライドチキン」
(2) curry and rice「カレーライス」
(3) French fries「フライドポテト」
(4) sandwich「サンドイッチ」
(5) spaghetti「スパゲッティ」

❷ (1)(2)「何になさいますか」は What would you like? と言います。I'd like ～.（～がほしいです）と答えます。steak「ステーキ」
(3)(4)「いくらですか」は How much is it? と言います。It's ～ dollar(s).（～ドルです）などとねだんを答えます。

❶ (1)○   (2)×   (3)×   (4)○

❷

	料理	味	ねだん
(1)	サケとタマネギ丼	（ 塩からい ）	650円
(2)	バナナとリンゴのケーキ	（ あまい ）	（ 210円 ）
(3)	カレーヌードル	（ とてもおいしい ）	（ 400円 ）

てびき ❶ This is ～.は「これは～です」という意味です。isのあとに注意して聞きましょう。
(1)cheese「チーズ」
(2)bread「パン」
(3)pork「ぶた肉」
(4)egg「たまご」
❷ (1)salty「塩からい」
(2)sweet「あまい」、two hundred and ten yen「210円」
(3)delicious「とてもおいしい」、four hundred yen「400円」

📣 読まれた英語

❶ (1)This is cheese.
(2)This is bread.
(3)This is pork.
(4)This is an egg.
❷ (1)Welcome to our restaurant. This is salmon onion *don*. It's salty. It's 650 yen.
(2)Welcome to our restaurant. This is a banana apple cake. It's sweet. It's 210 yen.
(3)Welcome to our restaurant. This is curry noodles. It's delicious. It's 400 yen.

❶ (1)イチゴ   (2)キュウリ
(3)すっぱい   (4)とてもおいしい

❷ (1) This

(2) spicy

(3) yen

てびき ❶ (1)strawberry「イチゴ」
(2)cucumber「キュウリ」
(3)sour「すっぱい」
(4)delicious「とてもおいしい」
❷ (1)「これは～です」はThis is ～.と言います。
(2)spicy「からい」
(3)yen「円」

Unit 8

聞いて練習のワーク

❶ (1)

(2)

(3)

❷ (1) ○　(2) ×　(3) ×　(4) ○

てびき　❶ 自分の町にあるものを言うときは、We have 〜. (〜があります) と言います。

(1) river「川」

(2) amusement park「遊園地」

(3) aquarium「水族館」

❷ We have 〜. は「〜があります」、We don't have 〜. は「〜はありません」という意味です。

(1)(2)地図には病院と書店があるので、We have a hospital. (病院があります) は合っています。We don't have a bookstore. (書店はありません) は合っていません。

(3)(4)地図にはスタジアムと城はないので、We have a stadium. (スタジアムがあります) は合っていません。
We don't have a castle. (城はありません) は合っています。

📢 **読まれた英語**

❶ (1) We have a river.
(2) We have an amusement park.
(3) We have an aquarium.

❷ (1) We have a hospital.
(2) We don't have a bookstore.
(3) We have a stadium.
(4) We don't have a castle.

まとめのテスト

1 (1) have　(2) don't have
(3) can　(4) eat

2 (1) We have a library.

(2) You can read many books.

(3) It's interesting.

てびき　**1** (1)自分の町にあるものを言うときは、We have 〜. (〜があります) と言います。zoo「動物園」

(2)自分の町にないものを言うときは、We don't have 〜. (〜はありません) と言います。mountain「山」

(3)自分の町でできることを言うときは、You can 〜. (〜することができます) のように言います。enjoy fishing「魚つりを楽しむ」

(4)自分の町でできることを言うときは、You can 〜. (〜することができます) のように言います。eat okonomiyaki「お好み焼きを食べる」

2 (1)自分の町にあるものを言うときは、We have 〜. (〜があります) と言います。library「図書館」

(2)自分の町でできることを言うときは、You can 〜. (〜することができます) のように言います。read many books「たくさんの本を読む」

(3)「それは〜です」は It's 〜. と言います。interesting「おもしろい」

まとめ 世界の友達3

106~109 ページ **プラスワーク**

1. (1)イ、カ　　(2)すし　　(3)ア　　(4)ウ
2. (1)イ、エ　　(2)ウ　　(3)ア　　(4)土

てびき

1. (1)アデルさんは We have some nice restaurants.「いくつかのすてきなレストランがあります」、We have a lot of cats on the street.「通りにたくさんのネコがいます」と言っています。

(2)アデルさんは You can eat sushi.「あなたはすしを食べることができます」と言っています。

(3)アデルさんは My father is a vet.「わたしの父は獣医です」と言っています。

(4)アデルさんは I can do judo well.「わたしは柔道を上手にすることができます」と言っています。

2. (1)エマさんは We have a popular museum.「有名な博物館[美術館]があります」、We have a lot of nature, too.「たくさんの自然もあります」と言っています。

(2)エマさんは I like cooking. I can cook spaghetti.「わたしは料理をすることが好きです。わたしはスパゲッティを作ることができます」と言っています。

(3)(4)エマさんは I enjoy fishing with my family on Saturday.「わたしは土曜日に家族といっしょに魚つりを楽しみます」と言っています。

🔊 読まれた英語

❶ Hi, I'm Adel.
This is my town, Baku.
Baku is the capital of Azerbaijan.
We have some nice restaurants.
You can eat sushi.
I like animals.
My father is a vet.
We have a lot of cats on the street.
I like sports, too.
I like judo.
I can do judo well.
Come and visit us.
Thank you.

❷ Hello, I'm Emma from the U.K.

This is my town, Canterbury.
We have a popular museum.
It's nice.
We have a lot of nature, too.
I like the view very much.
I like cooking.
I can cook spaghetti.
I also like fishing.
I enjoy fishing with my family on Saturday.
Come and visit us.
Thank you.

110~111 ページ **リーディングレッスン**

(1)ウ
(2)ア
(3) 泳いで

てびき

(1) 最初の文に、It's warm today.（今日は暖かいです）とあります。天気や気温のことを言うときは It's ～. を使います。

(2) 3文目で子どものクマは、Help me. と言っています。Help me. は「わたしを助けて」という意味です。

(3) 4文目で大人のクマは Swim.「泳ぎなさい」と言っています。

夏休みのテスト

1 (1)× (2)○ (3)× (4)○

2
(1) Takuya — 1月 / 時計
(2) Kana — 20月7 / キャップ
(3) Toru — 11月2 / ノート

3 (1)オ (2)ア (3)イ (4)エ

4 (1)バスケットボール (2)赤
(3)ブドウ

5 (1) Nice (2) like
(3) don't (4) have

6 (1) name
(2) December
(3) yellow

 てびき

1 (1) dodgeball「ドッジボール」
(2) peach「モモ」
(3) eraser「消しゴム」
(4) bag「バッグ」

2 My birthday is ～.は「わたしの誕生日は～です」という意味です。I want ～.は「わたしは～がほしいです」という意味です。
(1) July 20th「7月20日」、cap「（ふちのない）ぼうし」
(2) October 1st「10月1日」、notebook「ノート」
(3) February 11th「2月11日」、watch「腕時計」

3 What subjects do you like? は「あなたは何の教科が好きですか」という意味です。I like ～.「わたしは～が好きです」で答えます。

(1) English「英語」
(2) math「算数」
(3) Japanese「国語」
(4) social studies「社会科」

4 I like ～.は「わたしは～が好きです」という意味です。basketball「バスケットボール」、red「赤」、grapes「ブドウ」

5 (1)「はじめまして」は Nice to meet you. と言います。
(2)(3)「あなたは～が好きですか」は Do you like ～? と言います。Yes, I do.（はい、好きです）や No, I don't.（いいえ、好きではありません）で答えます。pink「もも（色）」
(4)「わたしは～曜日に…があります」は I have〈教科〉on〈曜日〉. と言います。science「理科」、Monday「月曜日」

6 (1)「わたしの名前は～です」は My name is ～. と言います。
(2)「わたしの誕生日は～月…日です」は My birthday is〈月〉〈日〉. と言います。「12月30日」December 30th
(3)「わたしは～がほしいです」は I want ～. と言います。「黄色いカップ」a yellow cup

読まれた英語

1 (1) dodgeball
(2) peach
(3) eraser
(4) bag

2 (1) Hello, my name is Takuya.
My birthday is July 20th.
I want a cap for my birthday.
(2) Hello, my name is Kana.
My birthday is October 1st.
I want a notebook for my birthday.
(3) Hello, my name is Toru.
My birthday is February 11th.
I want a watch for my birthday.

3 (1) What subjects do you like, Aya?
— I like English.
(2) What subjects do you like, Daiki?
— I like math.
(3) What subjects do you like, Mina?
— I like Japanese.

(4) What subjects do you like, Ryo?
　— I like social studies.
4 Hello. My name is Lily.
　I like basketball.
　I like red. I like grapes.

冬休みのテスト

1 (1) イ　(2) ア　(3) ウ　(4) ウ

2

できること　　　　　　　　　できないこと

(1) Koji
(2) Yuri
(3) Satoru

3 (1) エ　(2) イ　(3) オ　(4) ア

4 (1) 友達(ともだち)　　　　(2) テニス選手
　(3) ギター

5 (1) Can　(2) can't
　(3) Where　(4) right

6 (1) mother
　(2) nurse
　(3) play

てびき　**1** (1) 場所を表す言葉に注意します。
　ア on the desk「つくえの上に」
　イ in the box「箱の中に」
　ウ under the sofa「ソファーの下に」
(2) She[He] is 〜. は「彼女(かのじょ)[彼(かれ)]は〜です」という意味です。
　ア doctor「医者」
　イ singer「歌手」
　ウ comedian「お笑い芸人」
(3) 道案内の表現(ひょうげん)です。
　ア Go straight.「まっすぐ進んでください」
　イ Turn left.「左に曲がってください」
　ウ Turn right.「右に曲がってください」
(4) He[She] can 〜. は「彼[彼女]は〜することができます」という意味です。
　ア play soccer「サッカーをする」
　イ play tennis「テニスをする」
　ウ play baseball「野球をする」
2 She[He] can 〜. は「彼女[彼]は〜するこ

とができます」、She[He] can't ～. は「彼女[彼]は～することができません」という意味です。

(1) run fast「速く走る」、sing well「上手に歌う」

(2) swim「泳ぐ」、draw pictures well「上手に絵をかく」

(3) cook「料理をする」、ride a unicycle「一輪車に乗る」

3 Who is this? は「こちらはだれですか」という意味です。

(1) cheerful「明るい、元気のいい」

(2) smart「利口な」

(3) brave「勇敢な」

(4) friendly「友好的な」

4 This is ～. は「こちらは～です」、He is ～. は「彼は～です」という意味です。He can ～. は「彼は～することができます」という意味です。friend「友達」、tennis player「テニス選手」、play the guitar「ギターをひく」

5 (1)(2)「あなたは～することができますか」は Can you ～? と言います。Yes, I can.（はい、できます）や No, I can't.（いいえ、できません）で答えます。cook「料理をする」

(3)「～はどこにありますか」は Where is ～? と言います。hospital「病院」

(4)「それはあなたの～側に見えます」は You can see it on your ～. と言います。right「右」

6 (1)「彼女はわたしの～です」は She is my ～. と言います。「母」mother

(2)「彼女は～です」は She is ～. と言います。「看護師」nurse

(3)「彼女は～することができます」は She can ～. と言います。「バイオリンをひく」play the violin

📢 読まれた英語

1 (1) ア It's on the desk.
イ It's in the box.
ウ It's under the sofa.

(2) ア She is a doctor.
イ She is a singer.
ウ She is a comedian.

(3) ア Go straight.
イ Turn left.
ウ Turn right.

(4) ア He can play soccer.
イ He can play tennis.
ウ He can play baseball.

2 (1) He is Koji.
He can run fast. He can't sing well.

(2) She is Yuri.
She can swim. She can't draw pictures well.

(3) He is Satoru.
He can cook. He can't ride a unicycle.

3 (1) Who is this?
— She is Saki. She is cheerful.

(2) Who is this?
— He is Sho. He is smart.

(3) Who is this?
— She is Ami. She is brave.

(4) Who is this?
— He is Kazu. He is friendly.

4 This is Mori Yutaka. He is my friend.
He is a tennis player. He is active.
He can play the guitar.

学年末のテスト

1 (1)ア (2)イ (3)ア (4)イ

2

(1)〜(3) 線つなぎ問題
- (1) 男の子 → お寺 → 大きい
- (2) 女の子 → お面 → わくわくさせる
- (3) 男の子 → レストラン → すてきな

右側の語: すてきな / わくわくさせる / 大きい

3 (1)ア、ケ (2)ウ、オ (3)エ、キ (4)カ、ク

4

料理	味	ねだん
(1) とうもろこしと牛肉丼	あまい	(750 円)
(2) (たまご)ヌードル	とてもおいしい	500 円
(3) チーズと(ぶた肉)丼	(塩からい)	680 円

5

(1) I have music.

(2) I like basketball.

(3) It's under the sofa.

(4) I want a new hat.

6 (1) river (2) enjoy

(3) exciting

てびき

1 (1) What would you like? は「何になさいますか」という意味です。I'd like 〜. (〜がほしいです)で答えます。
- ア hamburger「ハンバーガー」
- イ milk「牛乳」
- ウ spaghetti「スパゲッティ」

(2) When is your birthday? は「あなたの誕生日はいつですか」という意味です。My birthday is〈月〉〈日〉. (わたしの誕生日は〜月…日です)で答えます。
- ア March 10th「3月10日」
- イ October 1st「10月1日」
- ウ September 15th「9月15日」

(3) What subjects do you like? は「あなたは何の教科が好きですか」という意味です。I

like 〜. (わたしは〜が好きです)で答えます。
- ア science「理科」
- イ math「算数」
- ウ English「英語」

(4) How much is it? は「いくらですか」という意味です。It's 〜 dollar(s). (〜ドルです)や It's 〜 yen. (〜円です)で答えます。
- ア「3」three
- イ「13」thirteen
- ウ「300」three hundred

2 We have 〜. は「〜があります」、It's 〜. は「それは〜です」という意味です。

(1) zoo「動物園」、exciting「わくわくさせる」

(2) temple「寺」、big「大きい」

(3) restaurant「レストラン」、nice「すてきな」

3 What would you like? は「何になさいますか」、I'd like 〜. は「〜がほしいです」という意味です。

(1) sandwich「サンドイッチ」、orange juice「オレンジジュース」

(2) salad「サラダ」、coffee「コーヒー」

(3) pudding「プリン」、spaghetti「スパゲッティ」

(4) fried chicken「フライドチキン」、milk「牛乳」

4 Welcome to our restaurant. は「わたしたちのレストランへようこそ」、This is 〜. は「これは〜です」、It's 〜. は「それは〜です」という意味です。

(1) seven hundred and fifty yen「750円」

(2) egg noodles「たまごヌードル」

(3) cheese pork *don*「チーズとぶた肉丼」、salty「塩からい」

5 (1) What do you have on Friday? は「あなたは金曜日に何がありますか」という意味です。I have 〜. (わたしは〜があります)で答えます。music「音楽」

(2) What sport do you like? は「あなたは何のスポーツが好きですか」という意味です。I like 〜. (わたしは〜が好きです)で答えます。basketball「バスケットボール」

(3) Where is the bag? は「バッグはどこにありますか」という意味です。It's 〜. (それは〜にあります)で答えます。under the sofa「ソファーの下」

(4) What do you want for your birthday? は「あなたは誕生日に何がほしいですか」とい

う意味です。I want 〜.（わたしは〜がほし
いです）で答えます。a new hat「新しいぼ
うし」

6 (1)「〜があります」は We have 〜. と言いま
す。「川」river

(2)「〜することができます」は You can 〜. と
言います。「魚つりを楽しむ」enjoy fishing

(3)「それは〜です」は It's 〜. と言います。「わ
くわくさせる」exciting

📢 読まれた英語

1 (1) What would you like?
ア I'd like a hamburger.
イ I'd like milk.
ウ I'd like spaghetti.
(2) When is your birthday?
ア My birthday is March 10th.
イ My birthday is October 1st.
ウ My birthday is September 15th.
(3) What subjects do you like?
ア I like science.
イ I like math.
ウ I like English.
(4) How much is it?
ア It's 3 dollars.
イ It's 13 dollars.
ウ It's 300 dollars.

2 (1) We have a zoo. It's exciting.
(2) We have a temple. It's big.
(3) We have a restaurant. It's nice.

3 (1) What would you like, Kumi?
— I'd like a sandwich and orange juice.
(2) What would you like, Ren?
— I'd like a salad and coffee.
(3) What would you like, Midori?
— I'd like pudding and spaghetti.
(4) What would you like, Sana?
— I'd like fried chicken and milk.

4 (1) Welcome to our restaurant. This is
corn beef *don*. It's sweet.
It's seven hundred and fifty yen.
(2) Welcome to our restaurant. This is
egg noodles. It's delicious.
It's five hundred yen.
(3) Welcome to our restaurant. This is
cheese pork *don*. It's salty.
It's six hundred and eighty yen.

18

単語リレー

❶ family　❷ father
❸ sister　❹ steak
❺ spaghetti
❻ fried chicken
❼ recorder　❽ guitar
❾ drum　❿ dodgeball
⓫ badminton　⓬ volleyball
⓭ chair　⓮ glove
⓯ calendar　⓰ English
⓱ Japanese　⓲ math
⓳ Sunday　⓴ Wednesday
㉑ Friday　㉒ spring
㉓ summer　㉔ fall
㉕ winter　㉖ January
㉗ July　㉘ December
㉙ America　㉚ Japan
㉛ doctor　㉜ teacher
㉝ gym　㉞ station
㉟ big　㊱ kind
㊲ like
㊳ go to school